零基础 轻松学
项目管理

肖剑皓 编著

化学工业出版社

·北京·

内容简介

《零基础轻松学项目管理》包括项目认知、项目管理概述、项目启动管理、项目进度控制、项目采购控制、项目质量控制、项目风险控制、项目成本控制、项目团队管理、项目干系人管理、项目沟通管理、项目收尾管理12章内容。全书采用图文解读的方式，辅以章前概述、思维导图、特别提醒、范本等模块，让读者在轻松阅读中了解项目管理的要领并学以致用。本书尽量做到去理论化，注重实操性，以精确、简洁的方式描述重要知识点，最大化地满足读者希望快速掌握项目管理的需求。

随书附赠本书制度、文书、表格，请扫描封面或书内二维码下载修改使用。

图书在版编目（CIP）数据

零基础轻松学项目管理/肖剑皓编著． —北京：化学工业出版社，2022.1
ISBN 978-7-122-40124-3

Ⅰ.①零… Ⅱ.①肖… Ⅲ.①项目管理 Ⅳ.①F224.5

中国版本图书馆CIP数据核字（2021）第210216号

责任编辑：陈 蕾 刘 丹　　　　　　　装帧设计：溢思视觉设计／程超
责任校对：边 涛

出版发行：化学工业出版社（北京市东城区青年湖南街13号 邮政编码100011）
印　　装：大厂聚鑫印刷有限责任公司
710mm×1000mm 1/16 印张14¼ 字数267千字 2022年1月北京第1版第1次印刷

购书咨询：010-64518888　　　　　　售后服务：010-64518899
网　　址：http://www.cip.com.cn
凡购买本书，如有缺损质量问题，本社销售中心负责调换。

定　　价：68.00元
版权所有 违者必究

　　项目，是我们日常工作和生活中耳熟能详的名词，项目管理是我们经常从事的工作活动，项目经理则是我们经常会遇见的一种职业。虽然人们对这些概念并不陌生，但要真正提升工作效率、提高项目完成质量，特别是面对复杂、专业、涉及面广、参与人数多的项目时，就不能仅仅停留在日常通俗层面的项目概念，而是要对项目管理做到科学化、专业化的水平和层次。因为，项目管理是一门科学，是一门重大的新管理技术！

　　简言之，项目管理是为了实施一个特定目标，所实施的一系列针对项目要素的管理过程，包括过程、手段以及技术等。项目管理的目标是为了能够预测性地通过对时间、预算以及一定质量的控制去交付成果，所有这些和项目相关的组成构成了项目管理的范围。

　　项目管理作为一门管理科学的分支，最早起源于第二次世界大战之后的美国，标志性事件是甘特图、CPM、PERT 等管理性技术的出现和兴起，20世纪50年代由我国著名数学家华罗庚引入中国。项目管理最初仅应用于航空航天、国防、建筑等少数领域，但随着这门管理科学对人类活动带来的巨大助力，极大地促进了社会生产力的提高，人们把项目管理逐步推广到社会各个领域。现如今，无论是大型工程还是企业日常管理，无论是政府公益等组织还是企业等生产性单位，都在广泛运用项目管理的相关知识和技能，人类社会已经离不开这门科学了。

　　为了帮助项目管理人员更好地完成本职工作，掌握先进的项目管理理念、科学管理方法，使项目管理更轻松、快速突破工作瓶颈，充分发挥项目管理工作在企业发展中的作用，我们编写了《零基础轻松学项目管理》一书。

　　本书包括项目认知、项目管理概述、项目启动管理、项目进度控制、项目采购控制、项目质量控制、项目风险控制、项目成本控制、项目团队管理、项目干系人管理、项目沟通管理、项目收尾管理12章内容。

　　本书采用图文解读的方式，并辅以章前概述、思维导图、特别提醒、范本等模块，让读者在轻松阅读中了解项目管理的要领并学以致用。本书尽量做到去理论化，注重实操性，以精确、简洁的方式描述重要知识点，最大化地满足读者希望快速掌握项目管理的需求。另外，随书附赠项目管理实用工具——项目管理制度、项目管理文书、项目管理表格，读者可扫描封面或书内二维码免费下载修改使用。

　　读者朋友们，无论你是初出校门的职场小白，还是久经沙场的金领高管；无论你是政府公职人员，还是专业技术人士，读一读这本书，相信对你的工作和生活都是不无裨益的。

　　由于笔者水平所限，不足之处敬请读者指正。

随书附赠本书制度、文书、表格
请扫描二维码下载修改使用

CONTENTS 目录

第1章 项目认知

要对项目进行有效的管理，首先必须了解什么是项目、项目的特征、项目的生命周期、项目的成功标准。

第2章 项目管理概述

项目经理不仅仅要努力实现项目的范围、时间、成本和质量等目标，还必须协调整个项目过程，满足项目参与者及其他利益相关者的需要和期望。

第3章 项目启动管理

项目启动是指成功启动一个项目的过程，项目启动的最主要目的是获得对项目的授权。项目启动意味着开始定义一个项目的所有参数，以及开始计划针对项目的目标和最终成果的各种管理行为。项目启动过程也是由项目团队和项目利益相关者共同参与的一个过程。

第4章　项目进度控制

一旦项目正式开始，项目经理就必须监控项目的进程以确保每项活动都按进度计划进行，一旦认定项目落后于进度计划，就必须采取纠正措施以确保进度的正常进行。PMI所定义的项目时间管理过程被分为六个子过程，分别是定义活动、排列活动顺序、估算活动资源、估算活动持续时间、制订项目进度计划和控制项目进度计划。这六个过程在项目过程中并不一定是按顺序进行的，其中前五个子过程时间上属于项目进度的制定，第六个过程属于项目进度的监控。

第5章　项目采购控制

项目采购管理是为了完成项目工作，从项目团队外部购买或获取所需的产品、服务或成果的过程。在项目管理中，采购管理与质量管理、成本管理、进度管理一样占据着重要的位置。

第6章　项目质量控制

项目质量不是偶然的，也不是靠运气得到的。它是项目的所有利益相关者不懈努力的结果，他们关注客户要求，并满足这些要求。项目经理是确定客户要求的关键人物，他要保证所有参与者都朝着同一个方向努力。

第7章　项目风险控制

在项目的生命周期中，总是会出现许多不确定的因素，它们会打乱项目的原定计划，项目风险管理就是对项目实施过程中的这些风险因素进行控制。

在项目中开展风险管理的步骤由识别、评估、计划、实施和沟通这五个基本步骤组成，缺一不可。

第8章 项目成本控制

项目成本管理是在整个项目的实施过程中，为确保项目在以批准的成本预算内尽可能好地完成而对所需的各个过程进行管理。其目的是要确保在批准的预算内完成项目，具体项目要依靠制定项目资源计划、成本估算、成本预算、成本控制四个过程来完成。

第9章 项目团队管理

由于个人的能力有限，因而在实施一个项目时，必须建立一个由多人组成的项目团队。这个项目团队是否能够和谐地进行团队协作，将决定了这个项目能否成功。

第10章 项目干系人管理

在项目管理中，干系人的管理尤为重要。合格的项目经理往往能够很好把握管理项目干系人的项目诉求期望（范围、进度、质量、风险、沟通等），做到项目利益最大化，通过一系列的工具和方法，高效捕获干系人的需求，并加以分析和制定相关的管理策略，使得项目执行过程中，得到更多正面的支持，尽量避免或减少部分干系人不支持的影响，从而大大提高项目的成功率。

第 11 章　项目沟通管理

为了做好每个阶段的工作，以达到预期标准和效果，项目经理就必须在项目部门内部、部门与部门之间，以及项目与外界之间建立沟通渠道，能够快速、准确地传递沟通信息，以使项目内各部门达到协调一致，缺乏良好的沟通，就不可能较好地实现项目目标。

第 12 章　项目收尾管理

项目收尾是项目生命期的最后一个阶段，当项目的目标已经实现，或者项目阶段的所有工作均已经完成，或者虽然有些任务尚未完成，但由于某种特殊原因必须停止时，项目团队就需要做好项目的完成、收尾工作。

随书附赠 项目管理制度、项目管理文书、项目管理表格（范本），供读者下载、修改、参考。

目　录

第1部分　项目管理制度

第2部分　项目管理文书

第3部分　项目管理表格

随书附赠本书制度、文书、表格
请扫描二维码下载修改使用

第1章

项目认知

章前概述

要对项目进行有效的管理，首先必须了解什么是项目、项目的特征、项目的生命周期、项目的成功标准。

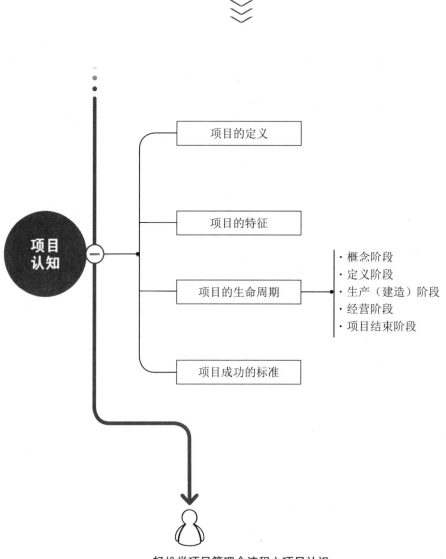

项目认知
- 项目的定义
- 项目的特征
- 项目的生命周期
  - ·概念阶段
  - ·定义阶段
  - ·生产（建造）阶段
  - ·经营阶段
  - ·项目结束阶段
- 项目成功的标准

轻松学项目管理全流程之项目认识

1.1 项目的定义

项目是指一系列独特的、复杂的并相互关联的活动，这些活动有着一个明确的目标或目的，必须在特定的时间、预算、资源限定内，依据规范完成。

项目参数包括项目范围、质量、成本、时间、资源。美国项目管理协会（Project Management Institute，PMI）在其出版的《项目管理知识体系指南》（*Project Management Body of Knowledge*）中为项目所做的定义是：项目是为创造独特的产品、服务或成果而进行的临时性工作。以下活动都可以称为一个项目：

（1）开发一个游戏。

（2）举行一项大型活动（如策划组织展览会、大型国际会议等）。

（3）策划一次自驾游旅游。

（4）人力资源管理系统的咨询、开发、实施与培训。

（5）建设一个水电站。

（6）开展一次户外拓展训练。

（7）开发一个 APP 软件。

1.2 项目的特征

任何工作任务都有共同的特征，项目管理也不例外。一般来说，项目具有图 1-1 所示的基本特征。

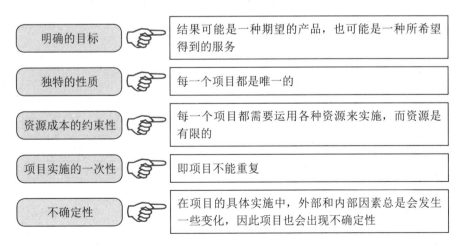

明确的目标	☞	结果可能是一种期望的产品，也可能是一种所希望得到的服务
独特的性质	☞	每一个项目都是唯一的
资源成本的约束性	☞	每一个项目都需要运用各种资源来实施，而资源是有限的
项目实施的一次性	☞	即项目不能重复
不确定性	☞	在项目的具体实施中，外部和内部因素总是会发生一些变化，因此项目也会出现不确定性

图 1-1

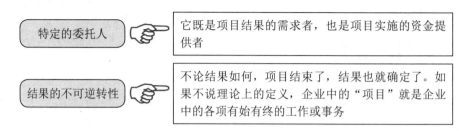

图 1-1　项目的特征

1.3　项目的生命周期

一个项目周期常常包括图 1-2 所描述的几个阶段。

图 1-2　项目生命周期一般模型

项目的生命周期长短不一，它可以是几个星期、几个月甚至十年或更长。如一个护肤品研发项目与一个水电站的重要建设项目，前者生命周期短，后者则很长。

1.3.1　概念阶段

在这个阶段中，项目经理需要考察环境，准备预测工作，评估目标和可选方案，进一步验证项目构思中形成的项目技术性能、成本和进度指标。在概念阶段的一些具体活动如图 1-3 所示。

01	对项目所要求资源的初始评估
02	初步评价项目在实现企业目标过程中的经营或战略价值
03	确定项目期望的成果是否是所需要的成果
04	为项目建立一个初步的目标
05	建立项目管理组织
06	推销组织的项目管理方法

07	如客户需要，编制一个项目的初步计划书，包括一份项目建议书
08	确定现有产品、服务和组织程序的实际需求和不足
09	确定实现项目期望产出所需的最初的技术、环境、经济可行性和实践性
10	对期望的成果进行选择并进行一个初步设计
11	对于期望中的项目利益相关者的接口进行一个初始的确定
12	对于项目的成果应如何纳入企业的战略发展做一个初步的决定

图 1-3　项目概念阶段的主要活动

在概念阶段，潜在项目的失败率高。因此，需要对项目的预期目标开展足够的研究以确定项目的有用性和项目生存能力的大小。

1.3.2　定义阶段

项目定义阶段的目的是确定项目所期望的成本、进度、技术性能指标、资源需求量以及项目可能的成果与公司的经营和战略适应性。在定义阶段需要解决图1-4所示的一些问题。

工作一	在主要资源投入到持续发展的项目之前，对项目的产出进行全面评价
工作二	识别项目是否有进一步研究和发展的必要
工作三	确认项目进一步发展的决定，建立一个"原型"，评估项目因生产和安装而带来的各方面的影响
工作四	为确保项目持续发展及项目结果实施，合理配置人力和非人力资源
工作五	编制最后的项目实施要求
工作六	编制项目成果产出支持计划
工作七	识别存在的高风险和不确定因素以及在项目中的哪些领域里需要进一步研究
工作八	定义项目的系统间和系统内的接口

图 1-4

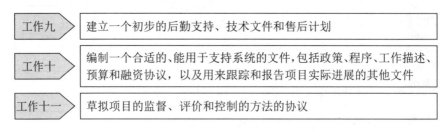

工作九	建立一个初步的后勤支持、技术文件和售后计划
工作十	编制一个合适的、能用于支持系统的文件，包括政策、程序、工作描述、预算和融资协议，以及用来跟踪和报告项目实际进展的其他文件
工作十一	草拟项目的监督、评价和控制的方法的协议

图 1-4　项目定义阶段的主要工作

1.3.3　生产（建造）阶段

这是一个有效、经济和可接受的产品、服务或组织程序等项目成果被生产（建造）和提交的阶段。被构思和定义的项目计划和战略在项目进程中不断得到更新，以支持项目的生产（建造）。这一阶段中的主要活动如图1-5所示。

工作一	识别和聚集项目生产过程所需的资源，包括各原材料、外购部件、供应品、劳动力以及资金
工作二	确定项目生产规范
工作三	项目生产、建造和安装
工作四	包括售后服务在内的售后后勤支持的最后确定和审批
工作五	对项目成果的运行效果进行最后测试
工作六	技术手册和项目成果运行指南手册的编制
工作七	开发和最后确定在项目运行阶段、用于支持项目成果的计划
工作八	制造和测试工具
工作九	发展包括设备规范、工具支持、劳动人员教育灌输和培训在内的生产过程战略
工作十	按需要改变工艺设计

图 1-5　项目生产（建造）阶段的主要工作

1.3.4　经营阶段

进入这个阶段说明项目成果已被证实为经济、可行和实用的，并值得客户将其投入运营来支持他们的经营和战略创新。这一阶段中的主要活动如图1-6所示。

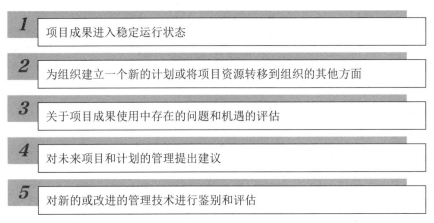

图 1-6　项目经营阶段的主要工作

1.3.5　项目结束阶段

在这个阶段，由于项目成果的提供，这个项目终止了。项目终止也可能是因为不能实现顾客要求或具有一定生命周期的新产品、服务和程序的出现。这一阶段的主要活动如图1-7所示。

1　项目成果进入稳定运行状态

2　为组织建立一个新的计划或将项目资源转移到组织的其他方面

3　关于项目成果使用中存在的问题和机遇的评估

4　对未来项目和计划的管理提出建议

5　对新的或改进的管理技术进行鉴别和评估

图 1-7　项目结束阶段的主要工作

1.4　项目成功的标准

每个项目都设定了一系列的标准，对项目的成功进行衡量和评价。这些衡量标准，可以通过规范的方法，作为成功的关键要素一一列出，也可以通过项目经理与启动或发起项目的双方的沟通和交流，简单作出提示。

成功的衡量标准大体可以归为三大类，如图1-8所示。

标准一 ▷ **完成可交付成果**

> 对于许多项目，尤其是并不太复杂的项目，只要完成了项目开始时预定的交付成果，就算是取得了项目的成功。这些交付成果，可以通过多种形式，如资料、IT 系统、其他技术或基础设施、建筑物等得到表现

标准二 ▷ **实现项目带来的相应收益**

> 通常，启动项目的人或组织希望得到项目的交付成果，是因为他们希望通过项目成果获得一些实实在在的利益。如果项目交付的成果是一套 ERP（企业资源计划）系统，那么，项目客户可能是希望通过这套 ERP 系统获得降低成本或提高质量的收益。因此，在这一实例中，就可以通过衡量成本是否降低、质量是否提高来衡量项目是否取得了成功

标准三 ▷ **赢得客户的满意**

> 每个项目都有客户方。项目能否取得完美的成功，还需要看客户方的所有项目干系人能否对项目完成的结果感到满意

图 1-8　项目成功的衡量标准

特别提醒

> 项目成功，并不只意味着完成了交付成果，实现了企业收益。项目成功与否，还需要考虑项目是否在项目开工前确定的时间和成本指标的范围内，在双方达成的项目范围和质量指标的约束下，实现顺利交工。如果项目花费的成本过高、投入资源过多、拖延的时间过长、质量未能得到充分保证，或是项目最终的成果没有达到原先预想或计划的那样，那么，即使是完成了交付成果，项目也不能算是取得了圆满成功。

第 2 章

项目管理概述

章前概述

　　项目经理不仅仅要努力实现项目的范围、时间、成本和质量等目标，还必须协调整个项目过程，满足项目参与者及其他利益相关者的需要和期望。

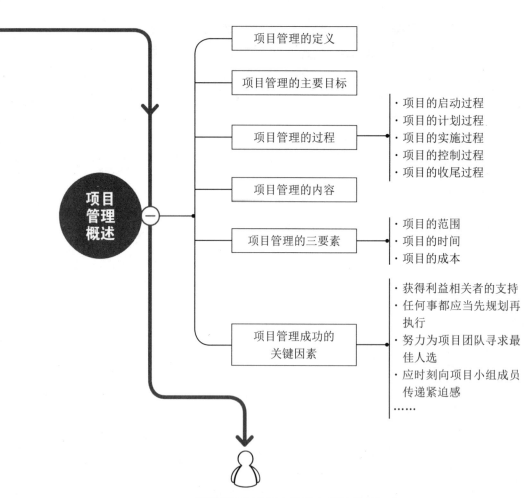

轻松学项目管理全流程之项目管理概述

2.1　项目管理的定义

项目管理是指在项目活动中运用专门的知识、技能、工具和方法，使项目能够在有限资源限定条件下，实现或超过设定的需求和期望的过程。项目管理是对一些成功地达成一系列目标相关的活动（比如任务）的整体监测和管控。这包括策划、进度计划和维护组成项目的活动的进展。

2.2　项目管理的主要目标

项目管理的主要目标如下。

（1）满足项目的要求与期望。

（2）满足项目利益相关各方不同的要求与期望。

（3）满足项目已经识别的要求和期望。

（4）满足项目尚未识别的要求和期望。

2.3　项目管理的过程

项目管理的过程为启动、计划、实施、控制与收尾，贯穿于项目的整个生命周期。

2.3.1　项目的启动过程

项目的启动过程就是一个新的项目识别与开始的过程。项目的启动阶段非常重要，因为这是决定是否投资，以及投资什么项目的关键阶段，此时的决策失误可能造成巨大的损失。重视项目启动过程，是保证项目成功的首要步骤。启动涉及项目范围的知识领域，其产生的结果有项目章程、任命项目经理、确定约束条件与假设条件等。启动过程的最主要内容是进行项目的可行性研究与分析，这项活动要以商业目标为核心，而不是以技术为核心。无论是领导关注，还是项目宗旨，都应围绕明确的商业目标，以实现商业预期利润分析为重点，并要提供科学合理的评价方法，以便未来能对其进行评估。

2.3.2　项目的计划过程

项目的计划过程是项目实施过程中非常重要的一个过程。通过对项目的范围、任务分解、资源分析等制订一个科学的计划，使项目团队的工作有序地开展。也因为有了计划，项目经理在实施过程中，才能有一个参照，并通过对计划的不断修订与完善，使后面的计划更符合实际，更能准确地指导项目工作。

在项目的不同知识领域有不同的计划，应根据实际项目情况，编制不同的计划，其中项目计划、范围说明书、工作分解结构、活动清单、网络图、进度计划、资源计划、成本估计、质量计划、风险计划、沟通计划、采购计划等，是项目计划过程常见的结果，应重点把握与运用。

2.3.3　项目的实施过程

项目的实施，一般指项目的主体内容执行过程，但实施包括项目的前期工作，因此不光要在具体实施过程中注意范围变更、记录项目信息，鼓励项目组成员努力完成项目，还要在开头与收尾过程中，强调实施的重点内容，如正式验收项目范围等。

在项目实施中，重要的内容就是项目信息的沟通，即及时提交项目进展信息，以项目报告的方式定期通过项目进度进行项目控制，从而对质量提供了保证。

2.3.4　项目的控制过程

项目管理的控制过程，是保证项目朝目标方向前进的重要过程，就是要及时发现偏差并采取纠正措施，使项目朝着目标方向发展。控制可以使实际进展符合计划，也可以修改计划使之更切合现状。修改计划的前提是项目符合期望的目标。控制的重点为：范围变更、质量标准、状态报告及风险应对。

2.3.5　项目的收尾过程

一个项目应有一个正式而有效的收尾过程，不仅可使当前项目产生完整文档，能对项目干系人有所交代，更是以后项目工作的重要财富。

项目收尾包括对最终产品进行验收、形成项目档案、总结经验教训等。另外，对项目团队成员要做一个合理的安排，这也是容易忽视的地方，简单地打发回去不是最好的处理办法，这是对项目组成员的不负责任。

2.4　项目管理的内容

项目管理的内容包括十个方面，如图2-1所示。

 项目范围管理是为了实现项目的目标，对项目的工作内容进行控制的管理过程。它包括范围的界定、范围的规划、范围的调整等

 项目时间管理是为了确保项目最终的按时完成的一系列管理过程。它包括具体活动界定、活动排序、时间估计、进度安排及时间控制等各项工作。很多人把 GTD（Getting Things Done，把事情处理完）时间管理引入其中，大幅提高工作效率

 项目成本管理是为了保证完成项目的实际成本、费用不超过预算成本、费用的管理过程。它包括资源的配置，成本、费用的预算以及费用的控制等项工作

 项目质量管理是为了确保项目达到客户所规定的质量要求所实施的一系列管理过程。它包括质量规划、质量控制和质量保证等

 项目人力资源管理是为了保证所有项目关系人的能力和积极性都得到最有效的发挥和利用所做的一系列管理措施。它包括组织的规划、团队的建设、人员的选聘和项目的班子建设等一系列工作

 项目沟通管理是为了确保项目信息的合理收集和传输所需要实施的一系列措施，它包括沟通规划、信息传输和进度报告等

 对项目的风险进行识别、分析和响应的系统化的方法，包括使有利的事件机会和结果最大化和使不利的事件的可能和结果最小化

 项目采购管理是为了从项目实施组织之外获得所需资源或服务所采取的一系列管理措施。它包括采购计划、采购与征购、资源的选择以及合同的管理等项目工作

图 2-1

项目集成管理　　项目集成管理是指为确保项目各项工作能够有机地协调和配合所展开的综合性和全局性的项目管理工作和过程

项目干系人管理　　项目干系人管理是指对项目干系人需要、希望和期望的识别，并通过沟通上的管理来满足其需要、解决其问题的过程。项目干系人管理将会赢得更多人的支持，从而能够确保项目取得成功

图 2-1　项目管理的内容

各个项目管理内容的具体工作说明如表2-1所示。

表 2-1　各个项目管理内容的具体工作说明

序号	管理内容	具体工作说明
1	项目范围管理	（1）项目启动：对项目或项目的阶段授权 （2）范围计划：制定一个书面的范围陈述，作为未来项目决策的基础 （3）范围定义：把项目应提交的成果进一步分解成为更小、更易管理的组成部分 （4）范围确认：正式地认可项目满足了范围要求 （5）范围变更控制：控制项目范围的变更
2	项目时间管理	（1）活动定义：识别出为产生项目提交成果而必须执行的特定活动 （2）活动排序：识别并记录活动之间的相互依赖关系 （3）活动时间估计：估计完成每一个活动将需要的工作时间 （4）制定时间表：分析活动顺序、活动时间的估计和资源需求，建立项目时间表 （5）时间表控制：控制项目时间表的变更
3	项目成本管理	（1）资源计划：决定执行项目活动所需要的资源的种类（人员、设备、材料）和数量 （2）成本估算：对于为了完成项目活动所需资源的成本进行估计 （3）成本预算：把估算的总成本分配到每一个工作活动中 （4）成本控制：控制项目预算的变更
4	项目质量管理	（1）质量计划：确定哪些质量标准适用于该项目，并决定如何达标 （2）质量保证：对整个项目执行情况作评估，以提供信用保障 （3）质量控制：监控特定项目的执行结果，确定适当方式能消除导致项目绩效令人不满意的原因
5	项目人力资源管理	（1）组织的计划：识别、记录、指派项目的角色、责任和报告关系 （2）人员获得：使项目所需的人力资源得到任命并在项目中开始工作 （3）团队建设：开发个人的和团队的技能来提高项目的绩效

序号	管理内容	具体工作说明
6	项目沟通管理	（1）沟通计划：决定项目相关者的信息和沟通的需求，包括谁需要什么信息，什么时间需要，以及得到信息的方式 （2）信息发布：及时地把所需的信息提供给相关者使用 （3）绩效报告：收集、分发绩效信息，包括状态报告、进度衡量和预测 （4）管理上的结束：产生、收集、分发信息，使项目或项目阶段正式地结束
7	项目风险管理	（1）风险管理计划：决定如何处理并计划项目的风险管理活动 （2）风险识别：决定哪些风险可能会影响项目，并记录风险的特征 （3）风险定性分析：对风险和条件进行定性分析，根据对项目目标的作用排定优先级 （4）风险量化分析：度量风险的可能性和后果，并评估它们对项目目标的影响 （5）风险响应计划：对于影响项目目标的风险，制定过程和方法来增加机会和减少威胁 （6）风险监视和控制：监视已知的风险，识别新的风险，执行风险降低计划，在整个项目生命周期中评价它们的有效性
8	项目采购管理	（1）采购计划：决定采购的内容和时间 （2）邀请计划：记录产品需求，识别潜在来源 （3）邀请：根据需要获得价格、报价、投标、建议书等 （4）来源选择：从潜在的销售商中进行选择 （5）合同管理：管理与销售商的关系 （6）合同结束：合同的完成和结算，包括解决遗留问题
9	项目集成管理	（1）制订项目计划：集成、协调全部的项目计划内容，形成一致的、联系紧密的文件 （2）执行项目计划：通过执行其中的活动来执行项目计划 （3）集成的变更控制：在整个项目中协调变更
10	项目干系人管理	（1）识别干系人 （2）规划干系人参与 （3）管理干系人参与 （4）监督干系人参与

2.5　项目管理的三要素

任何项目都会受到范围、时间及成本三个要素的约束。项目管理，就是以科学的方法和工具，在范围、时间、成本三者之间找到一个合适的平衡点，以便所有项目干系人都尽可能满意。项目是一次性的，旨在产生独特的产品或服务，但不能孤立地看待和运行项目。这就要求项目经理要用系统的观念来对待项目，认清项目在更大的环境中所处的位置，这样在考虑项目范围、时间及成本时，就会有更为适当的协调原则。

2.5.1　项目的范围

项目的范围就是规定项目的任务是什么。作为项目经理，首先必须搞清楚项目的商业利润核心，明确把握项目发起人期望通过项目获得什么样的产品或服务。

由于项目的范围可能会随着项目的进展而发生变化，从而与时间和成本等约束条件之间产生冲突，因此面对项目的范围约束，主要是根据项目的商业利润核心做好项目范围的变更管理。既要避免无原则地变更项目的范围，也要根据时间与成本的约束，在取得项目干系人的一致意见的情况下，合理地按程序变更项目的范围。

2.5.2　项目的时间

项目的时间约束就是规定项目需要多长时间完成，项目的进度应该怎样安排，项目的活动在时间上的要求，各项活动在时间安排上的先后顺序。当进度与计划之间存在差异时，如何重新调整项目的活动历时，以保证项目按期完成，或者通过调整项目的总体完成工期，以保证活动的时间与质量。在考虑时间约束时，一方面要研究因为项目范围的变化对项目时间的影响，另一方面要研究，因为项目时间的变化，对项目成本产生的影响。并及时跟踪项目的进展情况，通过对实际项目进展情况的分析，提供给项目干系人一个准确的报告。

2.5.3　项目的成本

项目的成本约束就是规定完成项目需要花多少钱。对项目成本的计量，一般用花费多少资金来衡量，但也可以根据项目的特点，采用特定的计量单位来表示。关键是通过成本核算，能让项目干系人了解在当前成本约束之下，所能完成的项目范围及时间要求。当项目的范围与时间发生变化时，会产生多大的成本变化，以决定是否变更项目的范围，改变项目的进度，或者扩大项目的投资。

由于项目干系人总是期望用最低的成本、最短的时间，来完成最大的项目范围。这三者之间是互相矛盾、互相制约的。项目范围的扩大，会导致项目工期的延长或需要增加加班资源，从而进一步增加项目成本；同样，项目成本的减少，也会导致项目范围的限制。作为项目经理，要在项目管理的过程中，科学合理地分配各种资源，尽可能地实现项目干系人的期望，使他们获得最大的满意度。

2.6　项目管理成功的关键因素

2.6.1　获得利益相关者的支持

大型企业通常会有许多项目在筹备或执行中，如果你要牵头做个什么项目，势必需要先争取到一些资源，如资金、人力、技术，项目经理在接手项目时要想想这些资源的决策人都是谁，部门经理、总监、CEO……再就是受益方、项目执行相关人员等。

如何争取利益相关者的支持呢，除了平时和他们建立好关系外，项目经理还要在项目发起阶段，邀请利益相关人参加立项会，传达项目的现状和愿景，获得利益相关人的公开承诺。很多项目涉及多人或跨部门协作，而且项目成员也有其他更核心的工作，要想大家全力以赴，获得部门经理、老板等关键角色的支持也至关重要。

2.6.2　任何事都应当先规划再执行

需要项目经理投入的最重要的一件事就是规划。详细而系统的由项目小组成员参与的规划才是项目成功的基础。当出现了不适于规划的情况时，项目经理应制订一个新的规划来反映环境的变化。规划、规划、再规划就是项目经理的一种工作方式。

项目如何展开，项目经理需要做详细的规划，建议使用甘特图的方式。甘特图一般包含工作事项、负责人、交付时间、时间跨度等几个维度，能清晰展示整个项目的执行进度，而且通过甘特图项目经理可以倒推每个节点的截止时间。

2.6.3　努力为项目团队寻求最佳人选

最佳人选是指受过相应的技能培训、有经验、素质高的人员。对于项目来说，获得最佳人选往往能弥补时间、经费或其他方面的不足。项目经理应当为项目团队成员创造良好的工作环境，帮助他们免受外部干扰，获得必要的工具和条件以发挥他们的才能等。

2.6.4　应时刻向项目小组成员传递紧迫感

由于项目在时间、资源和经费上都是有限的，项目最终必须完成。但项目小组成员大多有自己的工作，在项目进行过程中，有些人会逐渐丧失紧迫感。这就需要项目经理以各种方式提醒项目小组成员关注项目的目标和截止期限。如定期检查、召开例会、制作一些提醒的标志置于项目的场所等。

2.6.5　分布项目交付物，严控项目风险

犹如爬山需要一步步往上爬一样，项目目标也不可能一蹴而就。项目的任务要一步一步来，每一步都要严格按照项目流程进行审查和批准，确保项目朝好的方向发展。这就要求项目经理在做计划的时候就要制定项目的里程碑，确定项目交付物的给付是什么，该什么时候交等。

如控制交付物一样，项目经理对风险同样需要严格把控。项目经理可以指派专人来监控项目的潜在风险。并鼓励项目组成员发现风险后第一时间上报，共同去解决这些风险，减低甚至避免风险给项目造成的损失。

2.6.6　项目团队、顾客和管理层达成目标共识

项目经理在项目开始就应当形象地向项目小组描述项目的最终目标，以确保与项目有关的每一个人都能记住。项目成本的各个细节也都应当清楚、明确、毫不含糊，确保每个人对此都能达成一致意见。

项目目标包括两大类：

（1）项目产出物所要达到的目标要求，包括产出物的质量、数量、新科技水平、经济技术效果等指标。例如，对信息系统开发项目，项目目标中应包括系统功能、信息处理速度、可扩展性等度量指标。

（2）有关项目工作的目标要求，包括项目工作的工期、成本、工作质量等方面的指标。

为促进项目有关各方就项目目标达成共识，顾客参与，项目经理、项目团队、顾客之间有效沟通，正确计划，清楚的需求描述等都是必要的。而更重要的是，在项目提案或项目建议书中所定义的项目目标必须明确、具体，要尽量用定量化的语言进行描述，使项目目标容易被沟通和理解，要使项目团队成员确信项目目标是能够达到的，并且确保每个成员能够结合项目目标确定个人的具体目标，把责任落实到人，只有这样才能起到很好的激励作用。描述项目目标应遵循SMART原则（即specific具体的；measurable可测量的；achievable可实现的；relevant相关的；traceable可跟踪的）。

2.6.7　项目涉及的所有人员要有效沟通

成功的项目离不开有效的沟通。只有项目团队成员之间、项目利益相关者之间顺畅高效地进行沟通，他们才能了解项目组织的目标和方向，才能减少误会和矛盾，消除冲突，在项目组织计划和工作任务等方面达成一致的看法，发挥积极

性和主动性，团结一致地为实现组织的目标而努力。在项目沟通中，除了要遵守一般的沟通原则，还要符合项目管理的特殊要求。

2.6.8　要把握好项目的关键路径

关键路径是项目从开始到结束所需要的最长路径。如某 IT 项目的关键路径是"需求→设计→开发→测试→部署"，一项工作开始必须等另一项工作结束，如关键路径上遗漏了某项工作，比方说设计工作没按时完成，将最终导致整个项目延期。

重点把控项目中的关键路径，需要项目经理定时检查子项目的完成情况，如有延期风险的，要及时找到相关对接人。如果内部没有项目协作工具，最好每周或半月召开一次进度沟通会，同步完成情况及预防可能的风险。

2.6.9　要形成好的项目团队机制和文化

建设好的信息传播机制，及时发现项目进行中的问题，建立项目团队的协调机制，其目的在于沟通信息、明确责任、协调进度。项目经理应平衡好正式机制和非正式机制。正式机制多体现为团队会议，非正式机制则是不同部门的项目人员之间的随机交流。非正式的团队机制是不能用制度规定下来的，而恰恰是这种非正式机制有时是项目成败的关键，而这需要在很大程度上依靠团队文化的建设。

2.6.10　项目管理信息化，严控项目时间、成本和质量

项目管理方法的风靡，项目管理软件应运而生，如 8thManage 的项目管理软件，国内也产生了一大批优秀的项目管理软件供应商。项目经理应借助项目管理软件，严格把控项目时间、项目成本和项目质量，提高项目管理的效率和项目的成功率。

第 3 章

项目启动管理

章前概述

　　项目启动是指成功启动一个项目的过程，项目启动的最主要目的是获得对项目的授权。项目启动意味着开始定义一个项目的所有参数，以及开始计划针对项目的目标和最终成果的各种管理行为。项目启动过程也是由项目团队和项目利益相关者共同参与的一个过程。

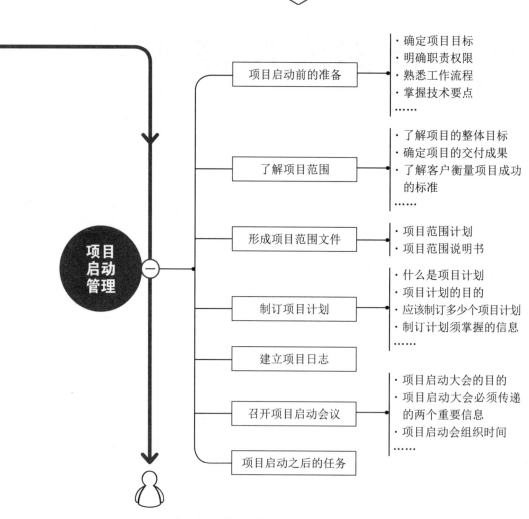

轻松学项目管理全流程之项目启动管理

3.1　项目启动前的准备

项目启动前有许多工作要做，图3-1所示的几个重点是项目启动前必须关注的。

确定项目目标　　　　　　　　　　　　掌握技术要点

明确职责权限　　　　项目启动前　　　了解人力状况
　　　　　　　　　　的准备
熟悉工作流程　　　　　　　　　　　　把握内外资源

图 3-1　项目启动前的准备

3.1.1　确定项目目标

项目经理在接到一个项目时要仔细想以下三个问题。

（1）项目目标明确吗？

（2）会不会有好几个目标？

项目应该只有一个主要的目标，过多的目标会分散注意力。超过两个的主要目标，将会使项目团队在以后的工作中难以分清工作重点，并且在某些目标不能实现时产生失落感。

项目经理应将主要目标尽可能地细分为明细的任务（子目标），每个任务都是围绕一个中心，服从统一原则的，而不会互相抵触。

（3）是否大家都有一致的认同？

项目经理在项目开始前一定要与公司领导和客户就该问题达成一致的看法，然后将这个信息传达给所有相关的人员。可以进行直接交流或提交专门的报告，最好在正式的计划中作出阐述。

3.1.2　明确职责权限

项目经理应仔细研读项目的岗位职责书、项目任命书，明确管理的职责和权限。这里要明确哪些是项目经理负责的，有时会涉及一些具体的事情可能需要其他人协助或者授权给别人，但是责任还是项目经理的。

作为项目经理，一定要明确自己的权力，而且要清楚如何利用职权，这样才能清楚可以采取的策略。权力大，可以更威严，但是要公正；权力小，可试试多一些感情投资。

3.1.3　熟悉工作流程

通常公司会有对项目管理的规范，如ISO 9000、CMM或其他既定的规范，以使项目过程符合规定。

项目经理在项目开始前就应该弄清楚项目经理的一些习惯是否与公司的规范有冲突。如果确实有些好的操作是规范以外的，可以在项目中将它们结合起来，或者提出来并修改规范，但不能作为违反规范的理由。

有时规范可以在许可的情况下进行裁减或调整，但前提是要先清楚规范是什么。要使流程在项目中得以贯彻，一开始就要让它合乎要求。

一般规范中都规定了需要产生的文档和其他提交项，因而在项目开始的时候就将各环节需要的文档建立好（只有名字和目录），这样在需要用时就不用到处找，也不会遗漏。

3.1.4　掌握技术要点

通常项目经理不需要非常娴熟的技术能力，因为可以在项目团队或公司层面配置技术专家，但是项目经理还是应该对需要使用的技术有一定的了解——这样可以理解技术人员所描述的问题和解决方案，然后作出决策。

3.1.5　了解人力状况

通常项目中人员的使用是分阶段的，但是需要什么样的人应该一开始就确定，除非要使用的技术还没确定，那人员确定也必定是阶段性的。

项目经理应确定项目需要的人员技能，了解可用的人员信息，根据需求选择合适的人员组建项目团队。

（1）对项目组进行角色组织，应综合考虑公司的规定、目前的技术能力、项目的时间要求等因素设计项目组的角色，确定各角色的职责和能力要求。

（2）从人力资源部、各项目组了解可用人员的情况，如果人员是既定的，也可以在了解已定人员的信息后，多了解一些其他人员，因为可能还有其他的选择。

（3）了解这些人员是否能适用于项目组，很多时候不可能直接找到所有合适的人，所以不完全合适的人，不一定是不可用的。如果有差距，那么相应的培训计划、招聘计划就该列入考虑之中了。

3.1.6　把握内外资源

尽可能在项目早期明确需要的资源，除了刚才提到的人力，还有资金、设备等。仅仅清楚资源需求是不够的，还要明确这些资源的提供者。不可能指望提交一份"资源需求清单"，就可以等着资源在计划的时候出现，项目经理必须清楚通过哪些途径可以获得这些资源。

特别提醒

　　一般认为客户是对项目提出要求的人，但客户也往往是能够提供各种资源的人，比如测试环境、特殊设备等。

3.2　了解项目范围

项目范围是后续各项项目管理活动凭借的基石。项目范围界定了哪些活动属于项目的分内工作，哪些活动属于项目之外的工作。对项目经理来说，充分了解项目范围内包括的事项和项目范围内没有包括的事项非常重要，如果无法做到对项目范围的理解和沟通，就会直接影响启动项目管理的相关工作。

与项目范围有关的事项如图3-2所示。

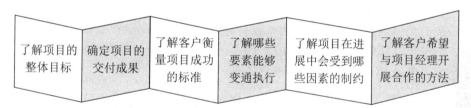

了解项目的整体目标　确定项目的交付成果　了解客户衡量项目成功的标准　了解哪些要素能够变通执行　了解项目在进展中会受到哪些因素的制约　了解客户希望与项目经理开展合作的方法

图 3-2　与项目范围有关的事项

3.2.1　了解项目的整体目标

项目经理通过了解项目的整体目标可以确定项目的基本框架，完成项目其余内容的填充；另一方面，可以提供一个基本的沟通平台，让参与项目的所有人进行沟通，了解项目存在的意义。项目经理在与他人谈论项目的相关事宜时，也可以对照这一目标说明，以此为蓝本，如果谈论的相关事宜与资料的内容并不相符，那么，项目经理就不应该把这些事宜归入到项目的内容中。

例如：

① 项目的目标是建立智慧能源管理系统。

② 项目的目标是在公司及财务部门内调整、推行新的财务会计体系。

③ 项目的目标是设计并完成公司××分厂的改装工作，以满足公司2022年战略成长的需要。

这些目标说明简洁明了，通俗易懂。同时，这些说明资料还为项目确定了最基本的范围，借助这些说明，所有参与项目的人员就能轻松了解他们所从事的活动是否与项目相关。

3.2.2　确定项目的交付成果

每个项目都会取得相应的成果，也就是项目交付的成果。取得这些项目交付成果，就是项目得以存在的理由和根据，直到完成项目要求的各项交付成果，项目才能宣告结束。

项目经理在实施项目管理时，首先需要对客户预期实现的项目结果达成共识。要做到这点，并不是说详细征集一下项目需求，或是完成一份完整的项目交付成果调查表就行了，项目经理要做的是了解客户心目中希望实现的项目结果。如果无法了解这点，那么，在进行项目计划的编制时，就难以得到确定性的答案。因此，项目经理需要了解的最为重要的，也是最为基本的一个问题就是"项目预期的结果是什么"。

（1）项目要求交付的成果是否属于项目本身的职责。项目经理首先需要确定哪些事项不属于项目交付的成果，而不应该忙于制订详细的项目计划，不应该认为只要把相关的项目活动一一列入方案，把所需的外部支持列出就万事大吉了。

（2）交付成果清单是否达成一致。有许多项目，在项目经理眼中，是成功的，但在客户看来，却是失败的，原因是项目经理完成了他所要求实现的交付成果，但客户却无法充分利用这些交付成果。

以开发一套制造执行系统（MES）为例。项目经理是应该以完成软件开发为目标呢，还是以实现客户使用这一软件的能力为目标呢？前一目标意味着项目团队可以主要由软件开发人员组成；而要实现第二个目标，项目经理就需要考虑其他各类事项，如客户的培训工作、客户新人员的录用安排、客户业务流程的改变，确保客户能够轻松使用开发出来的软件系统等多项工作。交付一套MES，仅仅需要开发一套软件就可以了，但塑造一项企业能力，需要提供能够对这一软件进行充分利用并取得相应的完整技能和实力。

项目经理在与客户就项目交付成果清单达成一致认识后，还要做好图3-3所示的事情。

| 工作一 > | 仔细查看交付成果清单，对只是完成交付成果清单的内容仍无法使客户充分利用交付成果的各类原因进行分析 |
| 工作二 > | 这些交付成果能够为客户带来哪些收益 |

工作三	这些交付成果能够帮助客户掌握哪些额外的能力
工作四	仅仅依靠这些交付成果，客户就能完全掌握这种能力吗
工作五	了解客户是否还需要实现其他目标

> 审核一下，看仅凭这些交付成果，客户能否真正实现他所期望的目标

图 3-3　项目交付成果清单达成一致认识后需要做的工作

特别提醒

> 如果客户无法实现其预期目标，项目经理应从头开始重新界定项目的范围，重新编制项目计划，把上次没有包括在内的事项一一罗列进来。这样做可能需要投入更多的时间和资金，但如果不这样做，项目就会失败。

（3）是否需要提供整合。许多项目需要完成一些彼此之间并不相关的交付成果。因为项目背后有许多相互独立的实体存在，所以，这些彼此孤立的交付成果的存在也是必然的。但另一方面，一些项目，尤其是一些技术类的项目，需要把这些相互独立的交付成果整合起来，实现匹配。

有一些项目，虽然项目的各个独立的交付成果得以高效实现，但客户指出需要把这些彼此孤立的交付成果整合起来，却发现并没有相应的整合系统，没有相应的整合团队，也没有安排相应的时间和任务来完成这种整合工作。有时在同时完成几项软件成果的情况下，这种整合的需要是极为明显的。

比如安装一套计算机系统，然后通过数据网络把这一系统链接到另外一套系统上，这种情况下，人们通常会对系统进行测试，也有人会对数据链接进行测试，但谁应该负责这两项内容的综合测试呢？所以，在项目开始时，最好能够对此作出相应的规定。

（4）项目交付成果的质量好坏如何确定。项目经理根据项目自身的特点和项目实现的交付成果的类别，可以在项目计划中具体划分各项工作，其中包括项目质量的检测、交付成果的接收等相关内容。

尽管一个称职的IT项目经理在制定方案时会对测试作出详细、全面的规定；

一个经验丰富的新产品研发项目经理，会充分考虑客户试验这一环节，从而制定出相应的工作框架。但是，项目经理也仍然应该向客户了解其是否还有其他一些测试、试验、评估和审计的具体需求，客户是否对交付成果的衡量标准还有其他一些特定的要求（其中可能包括一些法律法规规定的标准等）。

3.2.3　了解客户衡量项目成功的标准

每个项目结束时，客户都要对项目作出评估，可以通过某种既定的程序对此作出正式的评估，也可以通过"内心的自我感觉"对此作出私下评估。作为项目经理，应该与客户沟通，了解客户衡量项目成功的标准。因为若没有这样的衡量标准作为依据，项目经理在日常的项目管理中就无法确定自己是否在为实现项目预期的成果而努力。

特别提醒

客户心目中的成功标准常常会随着项目的进展发生变化，如果衡量项目成功的标准没有形成书面文件，项目经理在应对客户的评估标准发生变化时就没有参照依据。因此，在项目开始时，要将衡量项目成功的标准形成正式文件存档。

3.2.4　了解哪些要素能够变通执行

几乎所有的项目，都会在某个环节中出现与原先计划进展不一样的情况。

当项目的执行与计划之间出现了不同，项目经理应该开始考虑并探讨项目时间、成本和质量三者的权衡取舍了。但权衡取舍是非常艰难的，项目经理往往无法周全地考虑到这三者的关系。如果项目经理必须紧紧抓住项目交付成果的成本和质量这两项目标，则需要对时间作出相对宽松的安排；如果项目经理必须抓住项目交付成果的时间和成本这两项目标，则需要在项目的质量要求上留有余地。

所以项目经理从一开始就要确保客户在项目开始时就能够理解到项目时间、成本和质量三者的权衡取舍问题。

项目经理在项目初期就要告诉客户，当项目进展到某个环节时，他可能需要作出抉择，需要在项目的时间长短、成本大小、范围宽窄和质量高低方面作出权衡和取舍。项目经理在项目初期时，应该选择适当的机会，在与项目发起人会谈时，把这层意思加以表明。

客户在作出权衡取舍的谈话中，可能会给出一些彼此矛盾的回答，或是说他们希望得到所有可能有利的结果。在客户看来，既然项目经理已经同意在项目要求的时间、成本、质量和范围内完成项目，为什么要提出变更的要求呢？要回答客户这一疑问，项目经理需要向客户说明，自己确实是在尽力保证项目能够在预定的时间、成本、质量和范围内完成，之所以提出一些变更情况的说明，并不是为自己找借口或是开脱，而是在遇到问题或变化时采取的一种确保项目圆满交付的措施。为了进一步澄清这一问题，项目经理可以要求客户回答这样的问题，"如果遇到A情况，你是希望B结果发生呢，还是希望得到C结果"，其中，结果B和结果C会依据项目时间、成本、质量和功能的不同而发生相应的变化。

例如，你可以先向客户了解一些基本情况，如"在延长时间和增加费用这两种方案之间，您更倾向于哪种选择呢"，随后，你就可以提出一些更为具体的问题了，如"您是选择项目推迟两周呢，还是选择多增加20000元的费用呢"。

通过这种方法，项目经理可以得到作出常规决策的通用规则了。通过具体问题，项目经理可以对客户的最大承受能力有深刻的了解。

如：

项目时间最多不能超出10天；

质量仍旧需要保持相对较高的水平；

项目功能仍旧需要进一步深化；

费用不能超出30%等。

项目不同，客户的承受能力也各不相同，但项目经理一旦理解了客户的承受力，就会为自己的管理控制能力提供一个基本的依据。要做到这点，项目经理就需要弄清在项目管理的四个要素方面是否存在约束因素，如图3-4所示。

 是否存在一个阶段，在项目一旦超出预期规定时，客户会变得茫然无措；是否存在某个必须完成的关键事项并没有完成，当项目进展到某个时段时，可导致整个企业面临瓦解的风险

 是否无论在什么条件下，项目都不能超出某个成本额度；是否存在一个绝对性的预算标准，尽管这一标准与项目并不相符，但企业只能如此规定；是否存在一个不可突破的成本额度，这一额度一旦突破，整个企业就会因此而崩溃

 项目是否有一个最低的范围限制，一旦低于这一限制，整个项目将不会产生任何效益

 是否存在一个最低的质量标准要求，这一要求从实践讲，从外部的一些原因看，是不能有丝毫松动的

图 3-4　项目管理的四个要素

项目经理一旦了解了客户对机动余地的判定后，就需要理智地对客户的这种判定进行测试。客户不需要通盘考虑项目的潜在影响，就可以作出大胆的假设。项目经理不能无视客户的需要，但需要确保客户能够明白他们提出的要求所带来的影响和后果。

有一个软件系统项目，项目发起人最重要的目标是项目如期完工。因此，他很明确地告诉项目经理，可以在需要的时候适当增加费用，也可以在一定限度内适当削减项目范围。为了如期完成项目，项目团队不得不在项目质量上作出让步，他们无法像预期设想的那样对项目进行全面测试。他们多次提出项目应该适当延期，以确保他们可以通过更好的测试来保证项目的质量。但项目发起人关心的是项目的如期完工。当他们如期完成项目时，项目发起人所在的公司都认为项目取得了巨大的成功，公司的股价也因此一升再升。但几个月后，对方的终端用户就开始抱怨产品可靠性太低，于是转向其他公司。

如果客户考虑的首要因素是项目交付速度，那么，项目经理就需要向客户了解其真实的需求。因为如果不能及时交付项目，通常会给企业带来一些负面影响，有时这些影响会远远超出意料。但是，客户对项目完工的速度提出要求时，通常自以为能够准确预测出项目交付的时间。如果项目经理负责的项目是一系列活动的一部分，而这一系列的活动必须能够在某个时间内达到某个进度，以便相互之间能够顺利衔接，此时，项目经理要帮助客户对项目交付的时间进行准确的预测，并告知客户以牺牲质量为代价的交付所带来的负面影响。

3.2.5 了解项目在进展中会受到哪些因素的制约

项目进入运作状态后，项目经理常常会遇到图3-5所示的一些条件限制。

项目经理在制订项目计划前，必须了解项目在进展中的制约因素，并在项目初期与客户进行沟通。

（1）有哪些已知的问题、风险和机会。对项目中的问题、风险和改进机会作出评估，是项目工作的核心部分。在项目初期，项目经理应向客户提出质疑，弄清客户关注的事宜。

（2）有哪些外界因素需要考虑。许多项目会受到外部条件的限制，因此，项目经理在项目初期必须充分考虑这些外部制约因素，并对其详细了解。在这些外部条件中，典型的有：法律方面的规定、法规的限制和社会道德规则的约束等。这往往取决于企业自身的特点、健康与安全相关的规则等方面的规定。有时，这些制约因素能够引起项目方法的改变，从而对项目投入的资源和时间带来非常大

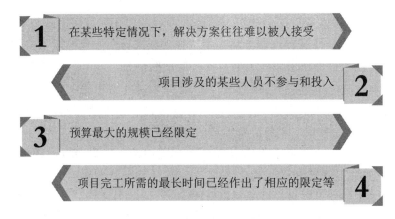

图 3-5　项目经理常遇到的一些条件限制

的影响。

3.2.6　了解客户希望与项目经理开展合作的方法

要成功实现与他人的合作，并不单单是按照对方期望的那样采取行动，它还需要以对方乐于接受的方式合作，或者至少要以对方能够接受的方式合作。因此，项目经理需要了解客户希望与项目经理开展合作的方法。

（1）客户喜欢的沟通方式。不同客户，所喜欢的沟通方式也各不相同，项目经理需要选择客户喜欢的合作方式。所以项目经理需要了解客户喜欢哪种沟通方式，如：

① 每天听到最新的项目信息。

② 每周收到与项目进展状况相关的电子邮件。

③ 每月能够听到项目经理所做的项目进展状况报告。

（2）客户要求不合理时的参与方式。如果客户提出的要求不合情理，项目经理对客户的期望实施有效管理。在项目初期，项目经理有必要与客户讨论一下，如：

① 客户喜欢通过什么样的方式了解项目存在的问题、风险、进度、花费。

② 客户希望通过怎样的方式参与到项目的开发和决策的制订中。

这样的讨论会加强双方的关系，避免彼此的误解，并有助于制订项目计划。

（3）项目决策是怎样形成的。在项目管理的整个过程中，项目经理需要持续作出一系列决策。因为项目从来不会遵循一系列预先设定好的步骤。项目经理需要对资源配置反复作出安排，需要对解决问题的方案作出抉择，在项目出现变化时，需要作出接受或拒绝的决定。因此，项目经理在项目初期应与项目发起人（客户）达成共识，了解自己在项目决策方面的权限。主要包括以下方面。

① 能够在项目中作出哪些类型、哪些层次的决策。

② 知道哪些决策需要与项目发起人（客户）协商后才能作出。

③ 知道哪些决策需要经过其他客户方或项目干系人的同意才能作出，这样就会省去一大堆的麻烦，避免浪费大量的时间。

④ 项目经理能否提起并批准计划外的购买申请，如果可以，那他可以在多大的资金范围内行使自己的权力。

⑤ 哪些事项属于项目经理的决策范围。

⑥ 在制定其他决策时，项目经理需要征询谁的意见才能作出。

（4）自己必须与谁合作才能取得项目所需的资源配备。项目经理需要在项目初期确认：项目发起人能否把项目所需的资源配备齐全，是否需要其他项目干系人的参与，这一点非常重要。

最好的状况是，项目发起人为项目经理配备项目所需的所有资源。但实际情况是，项目经理需要与众多能够提供项目资源的管理人员合作才能获得资源，所以，在项目初期，项目经理需要确认自己必须与哪些人员合作才能取得项目所需的资源。由于在整个项目过程中，这些人员很可能随时会将项目所需的资源移作他用，因此，项目经理需要与这些人员建立好关系，才能确保项目所需资源的供应。

（5）在客户的整体考虑中，项目处于什么样的地位。项目经理对项目范围作出界定时，对项目在客户的整体考虑中处于什么样的地位这一问题作出清晰的回答，从而可以有效地对项目进行规划。

所有项目都需要具备一定的资源（资金、专业设备或人才）支持，这些资源的配备取决于客户拥有的资源状况以及这些资源在其他方面的应用情况，而项目在客户列出的关键事项中所处的地位起着决定性的作用。如果项目是客户考虑的头等大事，那么，客户会及时提供相应资源。如果项目在客户心目中的位置很低，则往往不会及时提供资源，例如，地位并不重要的项目通常无法赢得对方核心人员的参与，这些核心人员往往会被分配到更为重要的工作中，地位较低的项目可能需要依靠临时性的人员或咨询顾问来完成。那么项目经理需要对项目时间要求或范围要求作出相应的调整。

（6）谁有权提出相关的项目要求。项目经理也应综合了解一下各类客户的意见和建议，并主动予以分类，从而为项目界定详细的需求说明。

客户方项目中的相关人员往往会对项目有自己的意见和观点，希望能够左右项目的发展方向，这时，项目经理需要了解自己是否应该听从他们的意见和建议。

① 如果提供项目需求来源的一方仅由一个人构成，项目经理在征集项目需求时，面临的工作最为简单。

② 如果提供项目需求的人员很多，那么项目经理不仅需要考虑需求征集过程中的一些事务性工作，同时还需要解决不同干系人之间对项目需求认识的冲突和矛盾。

③ 如果需要考虑的客户很多，项目经理应该与项目发起人对由此导致的时间和资源利用方面的影响提出质疑，并进行商讨，以找到合适的处理方法。

特别提醒

项目经理应该知道，客户会提出哪些类型的项目需求。有些客户只不过是提交一些意见，在项目的某个具体方面增加一些项目需求罢了。

3.3　形成项目范围文件

3.3.1　项目范围计划

范围管理计划是描述项目范围如何进行管理，项目范围怎样变化才能与项目要求相一致等问题的。

范围计划编制是将产生项目产品所需进行的项目工作（项目范围）渐进明细和归档的过程。做范围计划编制工作是需要参考很多信息的，比如产品描述，首先要清楚最终产品的定义才能规划要做的工作，项目章程（典型的例子是合同）也是非常主要的依据，通常它对项目范围已经有了粗线条的约定，范围计划在此基础上进一步深入和细化。

（1）项目范围计划的目的。项目范围计划，是在工作分解结构的基础上对项目活动作出的一系列时间安排。项目范围计划的目的如图3-6所示。

（2）制订项目范围计划的作用。

① 将项目分解成具体的工作任务，以便于按工作的逻辑顺序来实施项目，有助于制订出一个完善的项目计划，掌握各项工作之间的关系。

② 通过项目分解，可以确定完成项目所需要的资源、技术和时间，从而提高资源、成本和时间估算的准确性。

③ 通过工作任务的界定，无须繁杂的协调，项目团队成员就能知道自己相应的职责和权利，从而可以进行有效的沟通。

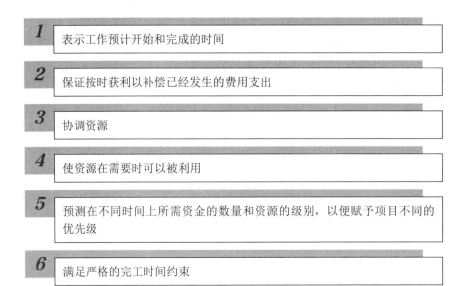

图 3-6 项目范围计划的目的

④ 把项目分解成具体的工作任务，项目团队成员会更清楚地理解任务的性质及其要努力的方向。

（3）编制项目范围计划的依据如图 3-7 所示。

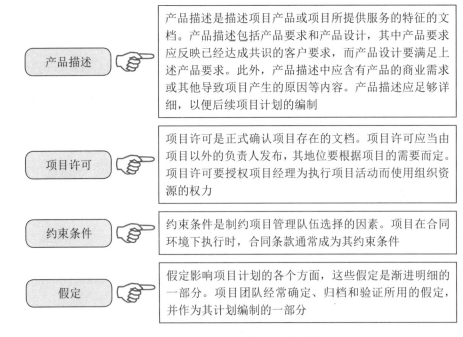

图 3-7 编制项目范围计划的依据

（4）项目范围计划的内容。项目范围计划应该包括一个对项目范围预期的稳定而进行的评估（比如：怎样变化、变化频率如何及变化了多少）。范围管理计划也应该包括对变化范围怎样确定，变化应归为哪一类（当产品特征仍在被详细描述的时候，做到这点特别困难，但绝对必要）等问题的清楚描述。

3.3.2　项目范围说明书

项目范围说明书是一份保证项目所有的利益相关者关于项目范围达成共识的说明性文件，在项目参与人之间确认或建立了一个项目范围的共识，作为未来项目决策的文档基准。范围说明中至少要说明项目论证、项目产品、项目可交付成果和项目目标等，具体如表3-1所示。

表 3-1　项目范围说明书的内容说明

序号	内容项目	说明
1	项目名称及描述	简单描述项目所要解决的问题，解释为什么要进行这一项目。项目合理性说明为以后权衡各种利弊关系提供依据
2	项目论证	这是投资方的既定目标，要为估算未来的得失提供基础
3	项目产品	即产品说明的简要概况
4	项目可交付成果（执行说明书）	一份主要的、具有归纳性层次的产品清单。这些产品完全、满意的交付，标志着项目的完成。例如，某一软件开发项目的主要可交付成果可能包括可运行的电脑程序、用户手册等
5	项目目标（功能说明书）	项目目标是指完成项目所必须达到的标准和指标。项目目标必须包括项目成本、项目工期和项目质量等方面的指标，这些指标必须具体、明确，而且尽可能量化。项目目标应该具有属性、计量单位和数量值，未量化的目标未来会存在很大的风险
6	制约因素	指出项目受到的特别限制和制约，以及解决或替代办法
7	假设前提	指出制订项目计划时，对暂时无法确定或以后极有可能变化的因素作出的假设

特别提醒

随着项目的开展，项目范围说明书也需要作一些修改或更新，以便能够及时地反映项目范围的变更情况。

【范本】▸▸▸

项目范围说明书

项目名称:			
项目编号		日期	
项目经理		项目发起人	

项目论证:

项目产品:

项目可交付成果:

不包括的工作:

项目目标:

　　(1) 工期

　　(2) 预算

资源:

　　(1) 已有的资源

　　(2) 需采购的资源

约束条件:

假设前提:

项目的主要风险:

　　(1) 组织风险

　　(2) 管理风险

　　(3) 技术风险

　　(4) 外部风险

3.4　制订项目计划

　　制订计划对于获得项目承诺,以及确保项目团队理解项目将要完成的工作都起到至关重要的作用。项目计划要求项目团队成员进行合作,设计出解决问题的方法,并详细拟订项目要达到的目标。

3.4.1　什么是项目计划

　　项目计划,是项目经理根据项目目标的规定,对项目实施工作进行的各项活动作出的周密安排。项目计划围绕项目目标的完成系统地确定项目的任务、安排项目进度、编制完成任务所需的资源预算等,从而保证项目能够在合理的工期内，以尽可能低的成本和尽可能高的质量完成。任何项目管理都是从制订项目计划开始。项目计划是有效协调项目工作、推动项目工作顺利进行的重要工具。

项目计划的主要因素如图3-8所示。

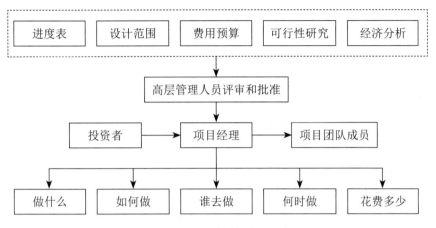

图 3-8　项目计划的主要因素

3.4.2　项目计划的目的

项目经理从开始制订计划时起，就必须能够回答这一问题：制订计划的目的是什么？如果做不到这点，那么，项目经理制订出来的计划可能不会特别奏效。

项目计划的具体目的表现在图3-9所示的五个方面。

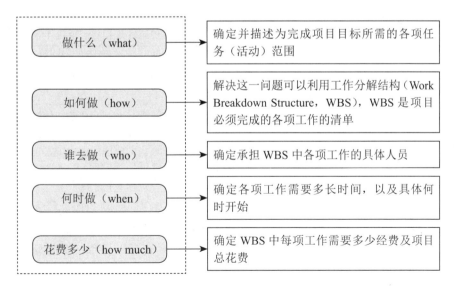

图 3-9　项目计划的具体目的

3.4.3　应该制订多少个项目计划

项目计划种类如表3-2所示。

表 3-2　项目计划种类

序号	计划种类	计划说明
1	工作计划	也叫实施计划，是为保证项目的顺利开展，围绕项目目标的最终实现而制定的实施方案。工作计划主要包括工作细则、工作检查及相应措施等
2	项目进度计划	项目进度计划就是根据项目实施具体的日程安排，规划整个工作进展。也把它称为项目初步计划、详细计划或者整体计划和子计划等
3	人员组织计划	主要是表明 WBS 图中的各项工作任务应该由谁来承担，以及各项工作间的关系如何
4	设备采购供应计划	在项目管理过程中，多数的项目都会涉及仪器设备的采购、订货等供应问题。对某些非标准设备，还要进行试验和验收等工作。如果是进口设备，还存在选货、订货和运货等环节。设备采购问题会直接影响到项目的质量及成本
5	其他资源供应计划	制订该计划与设备采购供应计划，需要掌握设备供应、所需材料、半成品和物件等方面的信息
6	变更控制计划	由于项目的一次性特点，在项目实施过程中，经常发生计划与实际不符的情况。这是由于开始时预测得不够准确，在实施过程中控制不力，或缺乏必要的信息所造成的
7	进度报告计划	进度报告计划可以分为进度控制计划和状态报告计划
8	财务计划	财务计划主要说明了所需要的预算细则种类、成本核算项目、对比类目、收集和处理信息的技术方法，以及检查方法和解救措施等
9	文件控制计划	文件控制计划是由一些能保证项目顺利完成的文件管理方案构成的，它阐明了文件控制方式、细则，负责建立并维护好项目文件，以供项目团队成员在项目实施期间使用。它包括文件控制的人力组织结构和控制所需的人员及物资资源数量

　　刚刚担任项目经理的人负责第一个大型项目时，往往会竭力把项目所涉及的方方面面列入自己的主计划中，这其实是一种错误的做法。最好的做法是，对项目的各个部分进行分解，拆成一个个小的任务，然后再针对各项任务制订相应的计划。这样，项目经理只需要在主计划中对这些细分计划作出概述就可以了。否则，主计划洋洋洒洒列出数千条，贴到墙上倒很是引人注意，但一用到实践中，

恐怕就没有人能够对照这一计划实施相应的管理了。此外，借助先进的计划软件，可以很容易地把各个分计划组合成一份全面的概括性计划，或是组合成一份项目群计划。

3.4.4　制订计划须掌握的信息

项目经理必须了解足够的关于组织、客户、市场等诸多的信息才能确保所设计出的项目计划不至于出现什么差错。这些必须掌握的信息如图3-10所示。

这部分信息包括组织架构图、各部门的职能、各关键部门的经理和部分成员。成熟的组织都有流程文件，项目经理可以通过翻阅流程文件了解各个部门之间的业务依赖关系和配合方式。尤其对采购部门、质量保证部门、售后服务部门等的流程更要充分了解。项目经理还应该了解公司主要的信息系统，如材料采购、备件管理、呼叫中心、生产管理的信息系统等

项目经理应该了解自己所处行业的市场情况，包括新产品和新技术的发布、竞争对手的情况、竞争对手的主要客户群信息。在项目的实施过程中，客户通常会把你和你的竞争对手作比较，这也将成为你的项目能否成功的关键因素

项目经理在制订项目计划之前，可以查阅公司以前的项目信息，尤其需要注意的是以往项目实施过程中出现的问题记录和解决方法。即使公司没有完备的数据库，也可以通过与参与项目的人员交谈，了解更多公司以前项目的情况

图 3-10　制订计划须掌握的信息

3.4.5　项目计划的内容

项目计划要列出项目管理要做的主要工作和任务清单，要回答"项目做什么"。在工作和任务清单中要清楚地描述出：

（1）项目划分的各个实施阶段。

（2）每个阶段的工作重点和任务是什么。

（3）完成本阶段工作和任务的人力、资源需求，时间期限。

（4）阶段工作和任务的成果形式。

（5）项目实施过程中对风险、疑难、其他不可预见因素等的处理机制。

（6）各任务组及开发人员之间的组织、协调关系等。

3.4.6 制订项目计划的基本程序

制订项目计划的基本程序如图3-11所示。

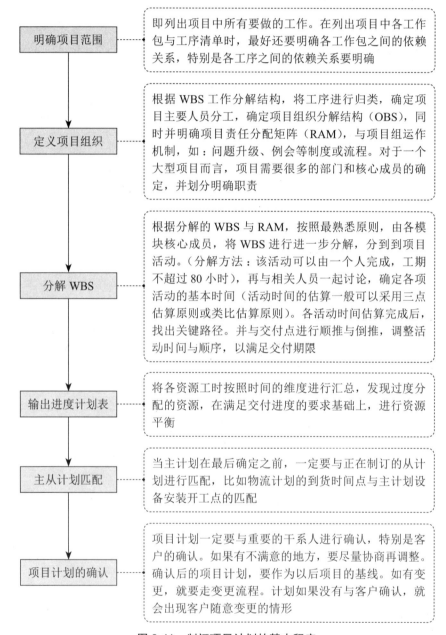

明确项目范围 —— 即列出项目中所有要做的工作。在列出项目中各工作包与工序清单时，最好还要明确各工作包之间的依赖关系，特别是各工序之间的依赖关系要明确

定义项目组织 —— 根据WBS工作分解结构，将工序进行归类，确定项目主要人员分工，确定项目组织分解结构（OBS），同时并明确项目责任分配矩阵（RAM），与项目组运作机制，如：问题升级、例会等制度或流程。对于一个大型项目而言，项目需要很多的部门和核心成员的确定，并划分明确职责

分解WBS —— 根据分解的WBS与RAM，按照最熟悉原则，由各模块核心成员，将WBS进行进一步分解，分到到项目活动。（分解方法：该活动可以由一个人完成，工期不超过80小时），再与相关人员一起讨论，确定各项活动的基本时间（活动时间的估算一般可以采用三点估算原则或类比估算原则）。各活动时间估算完成后，找出关键路径。并与交付点进行顺推与倒推，调整活动时间与顺序，以满足交付期限

输出进度计划表 —— 将各资源工时按照时间的维度进行汇总，发现过度分配的资源，在满足交付进度的要求基础上，进行资源平衡

主从计划匹配 —— 当主计划在最后确定之前，一定要与正在制订的从计划进行匹配，比如物流计划的到货时间点与主计划设备安装开工点的匹配

项目计划的确认 —— 项目计划一定要与重要的干系人进行确认，特别是客户的确认。如果有不满意的地方，要尽量协商再调整。确认后的项目计划，要作为以后项目的基线。如有变更，就要走变更流程。计划如果没有与客户确认，就会出现客户随意变更的情形

图 3-11 制订项目计划的基本程序

3.4.7　项目计划的细化程序

一般而言，项目计划应该包括三个重要的要素，即任务、进度和资源。计划的详细程度取决于对这三项的考虑，项目越紧计划就应该越细。做计划的时间，绝对不会拖延项目。计划越细项目中不确定的东西就越少，项目就越顺利，这就是我们常说的"磨刀不误砍柴工"。

针对不同层次的计划，详细程度有不同的要求，具体如下。

（1）大计划应该确定中计划的任务，安排各任务实施的先后和用时的多少，以及人员组织。

（2）中计划应该确定阶段中的子任务（如编码阶段的某个模块），任务开始和结束时间，任务负责人。

（3）小计划应该确定个人进度的详细安排（日进度）。

3.4.8　项目计划制订的方法

（1）甘特图。甘特图（Gantt Chart），也叫横道图或条形图，它早在20世纪初期就开始得到应用和流行，主要应用于项目计划和项目进度的安排。

（2）里程碑法。里程碑是完成阶段性工作的标志，不同类型的项目里程碑不同。里程碑在项目管理中具有重要意义，在此举一个例子说明：情况一，你让一个程序员一周内编写一个模块，前3天他可能都挺悠闲，可后2天就得拼命加班编程序了，而到周末时又发现系统有错误和有的地方有遗漏，必须修改和返工，于是周末又得加班了；情况二，周一你与程序员一起列出所有需求，并请业务人员评审，这时就可能及时发现错误和遗漏。

里程碑法是一种简单的进度计划，表示主要可交付成果的计划开始和完成时间及关键的外部界面。

（3）网络图法。网络图是由许多互相关联的活动组成，用来表明工作顺序和流程，以及各种工作间的相互关系。网络图法是一种在项目计划工作中很有用的方法，通过它，项目团队成员会看到自己的工作任务、工号、责任，该做什么、什么时候做、接着做什么工序，自己的失误会给全局带来什么影响等。

3.5　建立项目日志

项目日志是对那些可能对项目产生影响的信息进行记录的一系列的历史记载。项目日志是从项目的第一天就开始记录的。项目日志记录的尽管是一些非正式的行为和活动，但它对项目本身是有一定意义的。它可以被看作是记录影响项目计划、执行和控制的一系列行为的手册。

保留项目日志对于未来的工作也有非常重要的参考价值。虽然项目日志是一个非正式文件，但它会对接下来要采取什么样的行动提供一些参考。而且，一些问题往往会反复出现，最好用项目日志来记录它们发生的次数。

以下以一个软件项目开发为例来说明项目日志的建立与使用。

 **实例**

1.设立项目日志模板

项目日志模板

项目名称		编号	
项目经理		日期	
项目阶段			
进展情况	□按计划进行　□超前计划　□滞后计划		
工作量	工时		
工作内容			
客户需求		回复	
1		1	
2		2	
3		3	
4		4	
5		5	
问题			
备注			
相关文档			

2.上表的项目阶段一栏中填写的项目阶段从下面的阶段中选择。

项目阶段	工作内容
项目范围规划	确定项目范围
	确定项目资源
	项目范围规划完成
需求分析	明确需求分析范围
	需求分析调研
	起草初步的需要分析报告
	项目组审阅需求分析报告
	修改需求分析报告
	客户认可需求分析报告
	修改项目计划
	项目组审阅项目计划
	客户认可项目计划
	分析工作完成
设计	制定功能规范
	根据功能规范开发原型
	审阅功能规范
	根据反馈修改功能规范
	设计工作完成
开发	审阅功能规范
	确定模块化分层设计参数
	分派任务给开发人员
	编写代码
	开发人员测试（初步调试）
	开发工作完毕
测试	根据功能规范制订单元测试计划
	根据功能规范制订整体测试计划
	审阅模块化代码
	测试组件模块是否符合产品规范

续表

项目阶段	工作内容
测试	找出不符合产品规范的异常情况
	修改代码
	重新测试经过修改的代码
	单元测试完成
	测试模块集成情况
	找出不符合规范的异常情况
	修改代码
	重新测试经过修改的代码
	整体测试完成
培训	制定针对最终用户的培训规范
	制定针对产品技术支持人员的培训规范
	确定培训方法
	编写培训材料
	研究培训材料的可用性
	对培训材料进行最后处理
	制定培训机制
	培训材料完成
文档	制定"帮助"规范
	开发"帮助"系统
	审阅"帮助"文档
	根据反馈修改"帮助"文档
	制定用户手册规范
	编写用户手册
	审阅所有的用户文档
	根据反馈修改用户文档
	文档完成
部署	确定最终部署策略
	确定部署方法

续表

项目阶段	工作内容
部署	获得部署所需资源
	培训技术支持人员
	部署软件
	部署工作完成
总结	将经验教训记录存档
	编写项目总结报告
	建立软件维护小组
	总结完成

3.项目结束之后，根据项目日志，可以生成下面的总结表。

项目日志分析表			
项目名称		项目编号	
项目经理		日期	
项目开始时间		项目结束时间	
阶段	工作量	进展情况	
项目范围规划			
需求分析			
设计			
需求分析			
开发			
测试			
培训			
文档			
部署			
总结			

3.6 召开项目启动会议

良好的开端是成功的一半，项目启动会议是一个项目的开始，对于项目的顺利开展非常重要。

3.6.1 项目启动大会的目的

项目启动大会在形式上是个里程碑，召开启动大会的核心目标是在项目前期完成组建一个得到客户各个层面认可的项目团队，而且要约定好整个项目团队（包括客户内部成员）之间的沟通制度，并取得和各个业务部门在业务接口（界面）的认可。在启动大会上，项目经理代表整个团队给客户所有参与部门介绍整个项目团队和工作方法，客户权力部门表达对项目团队和项目工作方式的法定认同。

3.6.2 项目启动大会必须传递的两个重要信息

项目启动大会必须要传达两个重要信息，第一，企业领导对项目的重视和支持，体现"一把手挂帅"；第二，向所有将接触到项目的员工介绍双方项目团队和工作制度，树立项目组成员的执行权威，让大家配合工作。

对客户项目组而言，启动大会应该让客户项目组明确认识到高管对项目的支持、期望及考核压力，同时将这些压力和期望转化为动力，促使客户项目组也全心投入到项目实施工作中。

启动大会也是对前期项目团队选型工作的认同，同时要让客户各个部门意识到自己未来工作中需要抽出精力配合进行信息化建设，甚至暗示信息化建设部分内容将成为所有相关部门的考核内容，以确保项目能够顺利进行。

3.6.3 项目启动会组织时间

项目启动会议所处的项目生命周期时间点，一般而言，项目启动会议在项目招投标结束，甲方选定了项目乙方后；或者公司内部项目立项后，在项目启动规划阶段就会商议在合适的时间召开项目启动会。

3.6.4 项目启动会的分类

项目启动会分内部和外部启动会，如表3-3所示。

表 3-3　项目内部和外部启动会说明

会议类别	定义及目的	会议主要内容
项目内部启动会议	定义：项目内部启动会议指在公司或部门内部召开的会议 目的：让项目团队成员对该项目的整体情况和各自的工作职责有一个清晰的认识和了解，为日后协同开展工作做准备；同时获得领导及相关部门对项目资源的承诺和保障	（1）项目的建设背景 （2）项目主要干系人信息 （3）项目的基本需求 （4）项目的总体规划 （5）项目团队成员及其分工 （6）项目存在的风险及应对策略和项目资源需求等 其中"项目总体规划""项目团队成员及其分工""项目存在的风险及其应对策略"和"项目资源需求"是会上需要重点介绍的内容
项目外部启动会议	定义：项目外部启动会议一般由甲方主导（项目组也可视项目重要程度主动发起），通常会选择在用户方现场召开 目的：让甲乙双方项目主要干系人对该项目的整体情况有一个清晰的认识和了解，让项目各主要干系方清楚各自的职责和义务，明确项目建设的过程中相关部门所需要给予的支持和配合给予承诺，从而让各方就项目建设的相关事宜达成共识	（1）项目的建设背景 （2）项目主要干系方领导和项目负责人 （3）项目的基本需求 （4）项目的总体规划 （5）项目各主要干系方的责任和义务 （6）项目存在的风险及其应对策略 （7）在项目的建设过程中甲乙双方所需要给予的支持和配合等 其中，"项目总体规划""项目各主要干系方的责任和义务"和"项目建设过程中甲乙双方所需要给予的支持和配合"是会上需要重点介绍的内容

3.6.5　项目团队内部启动会议

（1）启动会议的目标如下。

① 确定作为唯一一个和项目直接接触并作为项目经理的领导人选，还包括宣告对项目的计划、执行、控制和完结的有关职权和责任。

② 以获得个人或集体承诺的方式，确定项目团队的角色和责任。

③ 提供项目背景信息和计划指导，包括项目团队为启动下一项工作所需的全部信息。

项目团队组建好之后，项目经理要把项目结构和目的传达给团队的每一个人，这一点很重要。项目团队的第一次会议有可能是在计划开始之前举行的，也有可能是在计划执行的开始阶段举行的。如果在计划执行的开始阶段项目团队还是比较小的，而在执行的开始阶段团队的规模扩大了，那么就有必要举行两次会议。

（2）项目团队启动会议的议程。设计项目启动会议以确保它涵盖所有的重要事项，需要写一份议事日程安排。这个议事日程应包括图3-12所示的内容。

议程一 > 确定项目小组的风格和一般预期

项目经理应当经常地用图表来描述该项目，并且叙述此项目对于组织的重要性

议程二 > 使项目团队成员进行互相介绍

团队成员进行自我介绍，并说明其所拥有的有助于项目成功的专业技能

议程三 > 确定对工作关系的期望

项目经理要讨论团队和团队成员期望做些什么。每一个团队成员都要陈述一下其他人能从自己这里获得的期望

议程四 > 回顾项目的目标

项目经理要和团队一起回顾项目的目标。这些目标可能会得到扩充，这要看这些项目目标到底是固定的，还是可能会因为某种原因而发生变化

议程五 > 回顾企业上级领导对项目的预期

项目经理要审查企业上级领导对项目的要求，并且还要根据上级领导对项目的支持或者对项目的涉及程度，审查项目小组对上级的期望是否理解

议程六 > 回顾项目计划和项目的状况

项目经理要回顾项目的状况，并且讨论一下项目以前所取得的进步。这是一个确定项目团队何时开始在项目的运行中发挥作用的机会

议程七 > 明确项目所要面对的一些挑战（争议点、问题、风险）

项目经理要指出这些挑战，并向项目团队提出这些挑战，并且讨论应付这些挑战的对策

议程八	提出问题和回答问题阶段

对于项目团队来说这是一个针对项目提出问题的好机会。同时它也是澄清错误观念、消除有关误解的时候

议程九	从项目团队成员处获取其对工作的承诺

项目经理会提出这样的问题：项目团队的成员要为项目作出承诺，并要从其他参与人处获得承诺以使项目取得成功，对此团队成员是否有所保留，项目经理自己也必须分别对项目团队和项目本身作出承诺

图 3-12 项目团队内部启动会议的议事程序

3.6.6 项目团队外部启动会议程

项目外部启动会会议议程如图 3-13 所示。

议程一	甲方会议主持人宣布召开启动会议，介绍与会领导和人员，介绍会议议程
议程二	甲方项目负责人介绍项目总体情况（项目立项、资金预算、项目招投标、项目建设周期）、项目中标方名称、甲方项目经理名称
议程三	乙方项目负责人介绍项目情况和项目的建设方案，同时宣告乙方项目经理名字
议程四	乙方领导发言。就本项目的建设做出工作指示，许诺项目的支撑资源，向甲方保证将按质按量完成项目建设
议程五	甲方领导发言。甲方领导重申项目重视情况，并宣布项目正式启动

图 3-13 项目团队外部启动会会议议程

乙方项目负责人介绍项目情况和项目的建设方案时，应讲述如下内容。

（1）介绍乙方基本情况，让甲方各参与者对乙方的实力有所了解，对完成系统建设的能力充满期待。

（2）介绍项目背景，说明项目立项之前甲方存在哪些问题，进而引出现在做的工作将是为了解决××问题。

需要注意的是，介绍资料要详细列出存在哪些问题，如沟通不畅，是哪些部门/单位沟通不畅，哪些系统之间无数据或者弱数据沟通。

（3）讲述将如何去解决这些问题。如在部门/单位/现有业务系统之间构建一个××系统（包括系统功能介绍），完成什么样的业务串联，有什么样的意义，对于甲方现有内部管理流程、服务能力、商业价值等方面有些什么样的帮助。需要注意的是，由如何解决这些问题来阐述系统建设的意义，是领导真正关心的价值点，要尽可能说明白这方面的要求。

（4）在提出了解决方案后，还应该讲述期待甲方、业务单位如何配合工作，哪些工作需要甲方、业务单位积极参与。如需求调研工作，详细列出将去哪些单位了解组织架构、业务过程，希望部门/单位提供业务能手协助和讲解单位现有业务系统、现有业务流程；同时阐述项目总体规划、项目各主要干系方的责任和义务项目存在的风险及其应对策略（包括项目实施计划、项目开展）。

（5）介绍乙方对项目的寄语、展望。

（6）结束。

特别提醒

由于项目启动会议主要是信息展示而不是讨论，一般时间都比较短，因此一些需要与会各方认可或承诺的事宜，需要在启动会议前沟通清楚，否则会严重影响启动会议的效果。另外能否开好项目启动会议，也取决于前期准备工作是否做得充分和到位，当然启动会议文稿的组织、会议的形式、项目经理的临场表达也非常重要。

3.7　项目启动之后的任务

在项目启动会议召开后，项目经理必须解决那些会对项目产生影响的问题或者形成的评论意见。如果对这些问题解答延迟或者予以回避，那么项目团队就会对此产生疑问，这将阻碍团队对其承诺义务的履行。

当项目团队并没有全体出席初始的项目启动会议，或者当团队成员因为矩阵管理结构或者其他原因发生重大变更时，就需要再召开一次会议。如果对于项目的有关信息没有充分披露，那么也需要召开第二次会议。

随着项目启动会议的召开，项目团队随后取得的进展都应该予以公布。例如，当项目启动会议先于计划阶段召开时，那么就应该公布计划已经完成和计划获得通过。这里所说的公布也就是同意项目团队开始工作，并履行其对项目的承诺。

第4章

项目进度控制

章前概述

　　一旦项目正式开始，项目经理就必须监控项目的进程以确保每项活动都按进度计划进行，一旦认定项目落后于进度计划，就必须采取纠正措施以确保进度的正常进行。PMI所定义的项目时间管理过程被分为六个子过程，分别是定义活动、排列活动顺序、估算活动资源、估算活动持续时间、制订项目进度计划和控制项目进度计划。这六个过程在项目过程中并不一定是按顺序进行的，其中前五个子过程时间上属于项目进度的制定，第六个过程属于项目进度的监控。

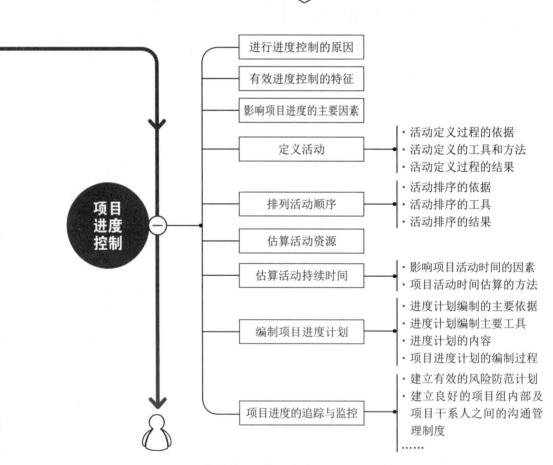

轻松学项目管理全流程之项目进度控制

4.1　进行进度控制的原因

对于成功项目的定义，不同的利益关系人有不同的出发点，也就产生了多种描述的方法，但综合来讲，成功项目就是能够到在规定的工期、成本的条件下，满足或超过项目干系人要求的项目。

也就是说时间、成本、质量、范围是项目成功的基本要素，对项目的成败起着至关重要的作用。其中时间因素又会对其他方面产生很大的影响。例如：如果时间增加，势必会增加项目的成本；如果时间控制不好，最终出现盲目赶工，势必会影响项目的质量，同时也可能导致项目范围的减少。这些均与项目的成功背道而驰。

另外，根据当前项目管理专家对失败项目的研究，我们可以发现：工期超出要求的项目占了总体项目的70%以上，工期超出计划，几乎是每个失败项目都存在的问题。因此有效实施项目进度控制，是项目成功的重要保障，是每一个项目经理必须非常重视的工作。

4.2　有效进度控制的特征

从项目实施的结果上来讲：能够在预定的时间内，达到预期的工作目标，就可以说是项目得到了有效的进度控制。

从项目实施的过程来讲：有效的进度控制应该具有图4-1所示的特征。

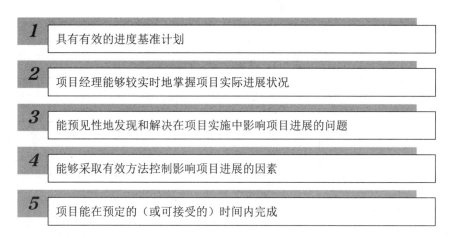

图 4-1　有效进度控制的特征

4.3 影响项目进度的主要因素

影响项目进度的主要因素有：
（1）项目组的沟通和协调工作不力。
（2）忽视项目外部组织的影响。
（3）项目组织工作能力不强、工作方法不佳。
（4）不能充分发挥项目组成员的作用。
这些问题对于实施有效的进度控制，起到了非常大的副作用，是进行项目进度控制必须解决的问题。

4.4 定义活动

活动定义，就是识别为完成项目可交付成果而采取的具体行动的过程。也就是在确定了项目的基本范围基准的基础上，将WBS分解为更为具体的、粒度更小的工作单元，以方便落实到确实可行的具体工作上。

通过活动定义可得到项目的活动清单。活动清单应包括本项目中将进行的所有必要活动及其说明，以确保项目团队成员能够理解该项目工作应该如何完成。对于较小的项目，可能会把活动界定到每一个人身上，但对于一个较大的、复杂的项目，如果运用WBS技术对工作进行分解，项目经理可以把活动界定到工作任务的负责人或责任小组。

4.4.1 活动定义过程的依据

活动定义过程的依据如表4-1所示。

表 4-1　活动定义过程的依据

序号	依据	说明
1	工作分层结构图	工作分层结构图是定义活动过程的主要依据
2	范围的叙述	在定义项目活动时，包含在范围陈述中的项目的必要性和项目目标必须加以考虑
3	历史的资料	在定义项目活动过程中，要考虑历史的资料（以往类似的项目包含哪些活动）
4	约束因素	约束因素将限制项目管理小组的选择
5	假设因素	要考虑这些假设因素的真实性、确定性，假设通常包含一定的风险，假设是对风险确认的结果

4.4.2 活动定义的工具和方法

（1）分解。分解就是把项目的组成要素加以细分为可管理的更小的部分，以便更好管理和控制。

（2）参考样板。先前同类项目的活动目录或活动目录的一部分常可作为新项目活动目录的参考样板。当前工程的 WBS 中的要素目录可作为今后其他类似 WBS 要素的参考样板。

4.4.3 活动定义过程的结果

活动定义过程的结果如图4-2所示。

 形成活动目录

活动目录必须包括项目中所要执行的所有活动（无一遗漏）。活动目录可视为 WBS 的一个细化。这个活动目录应是完备的，它不包含任何不在项目范围里的活动。活动目录应包括活动的具体描述，以确保项目团队成员能理解工作应如何做

 活动的细节说明

有关活动目录的细节说明应表达清楚，方便今后其他项目管理过程使用。细节说明应包括对所有假设和限制条件的说明。细节的内容由于应用领域不同而不同

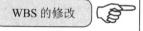 WBS 的修改

在利用 WBS 去确定哪些活动是必须的过程中，项目团队也就能够确认哪些项目细目被遗漏了或者意识到项目细目的描述需要修改。任何这样的修改必须在 WBS 相关文件（如成本估计）中反映出来，以上修改通常在项目涉及新的或未被验证的技术时发生

图 4-2 活动定义过程的结果

4.5 排列活动顺序

活动排序是确定目活动清单中各活动之间的依赖关系，并形成文档。活动排序可利用计算机进行，也可用手工来做，也可以将二者结合起来使用。

4.5.1 活动排序的依据

（1）进度管理计划，规定了用于项目的进度规划方法和工具，对活动排序具有指导作用。

（2）活动清单，列出了项目所需的、待排序的全部活动。

（3）活动属性，可能描述了活动之间的必然顺序或确定的紧前紧后关系。

（4）里程碑清单，列出特定里程碑的实现日期。

（5）事业环境因素。

4.5.2 活动排序的工具

（1）前驱图法（PDM）。前驱图法（PDM）也称紧前关系绘图法，是用于编制项目进度网络图的一种方法，它使用方框或长方形代表活动，节点之间用箭头连接，以显示节点之间的逻辑关系。前导图法包括活动之间存在的四种类型的依赖：

① 结束→开始（FS）：某活动必须结束，然后另一活动才能开始。

② 结束→结束（FF）：某活动结束前，另一活动必须结束。

③ 开始→开始（SS）：某活动必须在另一活动开始前开始。

④ 开始→结束（SF）：某活动结束前，另一活动必须开始。

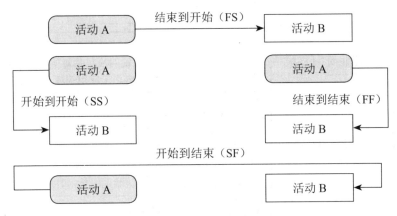

图 4-3 前驱图法（PDM）的活动关系类型

在PDM法中，"结束→开始"是最常见逻辑关系，而"开始→结束"关系则极少使用。

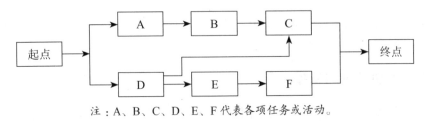

注：A、B、C、D、E、F代表各项任务或活动。

图 4-4 用前驱图法编制的网络逻辑图

前驱图法中，每项活动有唯一的活动，并且每项活动都注明了预计工期。每个节点的活动A、B、C、D、E、F会有如下几个时间：最早开始时间ES；最迟开始时间LS；最早完成时间EF；最迟完成时间LF。

（2）箭线图法（ADM）。箭线图法（ADM），是用箭线表示活动、节点表示事件的一种网络图绘制方法。

图4-5表示的是用ADM编制的一个简单项目网络图。ADM仅利用"结束→开始"关系以及用虚工作线表示活动间逻辑关系。

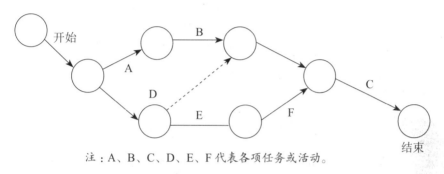

注：A、B、C、D、E、F代表各项任务或活动。

图 4-5　用箭线图法编制的网络逻辑图

为了绘图的方便，在箭线图中又人为引入了一种额外的、特殊的活动，叫做虚活动，在网络图中由一个虚箭线表示。虚活动不消耗时间，也不消耗资源，只是为了弥补箭线图在表达活动依赖关系方面的不足。借助虚活动，项目经理可以更好更清楚地表达活动之间的关系。

4.5.3　活动排序的结果

活动排序应形成下列结果：

（1）项目进度网络图。

（2）项目文件更新，包括活动清单、活动属性、里程碑清单、风险登记册等。

4.6　估算活动资源

资源即财力、物力、人力、设备用品等，该子过程是为了完成具体的某一项活动所需要的相关资源的配备、使用和规划情况。它与活动的具体属性以及资源的特性和限制等客观因素相关，因此在该过程中需要将活动属性和资源日历作为一个具体的输入之一，资源日历包括资源的可用性、时间性等相关信息。该过程输出的准确性与否与项目成员的经验以及所采用的估算技术密切相关，因此经常需要借助专家判断，以及一些较为权威的估算数据（如以往类似项目的经验），或者进行自下而上的估算方法，即先将活动细分，然后估算资源需求然后再进行汇总。

4.7　估算活动持续时间

项目工期估算是根据项目范围、资源状况计划列出项目活动所需要的工期。估算的工期应该现实、有效并能保证质量。所以在估算工期时要充分考虑活动清单、合理的资源需求、人员的能力因素以及环境因素对项目工期的影响。在对每项活动的工期估算中应充分考虑风险因素对工期的影响。项目工期估算完成后，可以得到量化的工期估算数据，将其文档化，同时完善并更新活动清单。

4.7.1　影响项目活动时间的因素

影响项目活动时间的因素主要有图4-6所示几种。

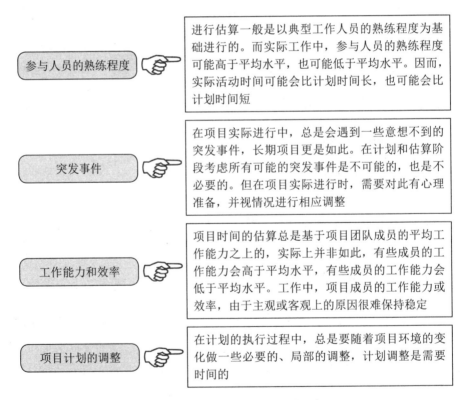

参与人员的熟练程度	进行估算一般是以典型工作人员的熟练程度为基础进行的。而实际工作中，参与人员的熟练程度可能高于平均水平，也可能低于平均水平。因而，实际活动时间可能会比计划时间长，也可能会比计划时间短
突发事件	在项目实际进行中，总是会遇到一些意想不到的突发事件，长期项目更是如此。在计划和估算阶段考虑所有可能的突发事件是不可能的，也是不必要的。但在项目实际进行时，需要对此有心理准备，并视情况进行相应调整
工作能力和效率	项目时间的估算总是基于项目团队成员的平均工作能力之上的，实际上并非如此，有些成员的工作能力会高于平均水平，有些成员的工作能力会低于平均水平。工作中，项目成员的工作能力或效率，由于主观或客观上的原因很难保持稳定
项目计划的调整	在计划的执行过程中，总是要随着项目环境的变化做一些必要的、局部的调整，计划调整是需要时间的

图 4-6　影响项目活动时间的因素

4.7.2　项目活动时间估算的方法

项目活动时间估算的方法有图4-7所示。

经验类比　对于一名有经验的项目经理来说，拟估算的项目可能和以往所参加过的项目相似，借助以往的经验可以得到一种具有现实根据的估算

历史数据　文献资料不仅包括报纸、杂志、学术刊物等正式出版物，也包括各种各样非正式的印刷品。更为重要的是，正规成熟的企业一般都有关于以往所完成的项目的资料记载，从中也可以获得真实有效的信息

专家意见　当项目涉及新技术的采用或者某种不熟悉的业务时，项目经理往往不具备作出较好估算所需要的专业技能和知识，这时就需要借助专家的意见和判断。最好能得到多个专家意见，在此基础上可采用一定方法来获得更为可信的估算结果

图 4-7　项目活动时间估算的方法

4.8　编制项目进度计划

计划是行动的指导，是行动成功的关键所在。对于项目进度控制而言，计划尤显重要，它影响到资源能否被合理使用，项目能否顺利进行，直接关系到项目的成功与否。

4.8.1　进度计划编制的主要依据

进度计划编制的主要依据如下。

（1）项目目标范围。

（2）工期的要求。

（3）项目特点。

（4）项目的内外部条件。

（5）项目结构分解单元。

（6）项目对各项工作的时间估计。

（7）项目的资源供应状况等。

进度计划编制要与费用、质量、安全等目标相协调，充分考虑客观条件和风险预计，确保项目目标的实现。

4.8.2　进度计划编制主要工具

进度计划编制主要工具是网络计划图和横道图，通过绘制网络计划图，确定关键路线和关键工作。根据总进度计划，制订出项目资源总计划、费用总计划，把这些总计划分解到每年、每季度、每月、每旬等各阶段，从而进行项目实施过程的依据与控制。

4.8.3　进度计划的内容

进度计划包括：任务、资源、时间等三部分内容。

（1）任务。任务来源于工作分解结构和活动定义。要进行有效的进度控制，就要求必须有细致的、可执行的、可检查的、可控制的活动定义（任务）。任务的粒度要求适中。对于不成熟项目和管理水平不高、资源能力不强的项目而言，粒度不能太大，否则难以实现项目的控制；反之任务的粒度可以适当大一些。每项任务需要有明确的责任人、起止时间和工期。

如果项目管理的水平不是很高，要实现有效的进度控制，每项任务的工作量以不大于项目的总体工作量的5%为宜，工期以不大于项目总工期的10%为宜。

（2）资源。所分配资源的数量决定了任务所持续的时间。每增加一项资源就会缩短任务的一部分持续时间。通常大型项目可能需要被分解，以达到更好的控制和对资源的充分利用。

资源分配时，要遵循图4-8所示几个原则。

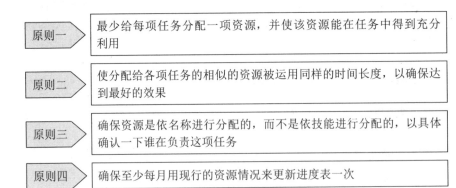

图4-8　资源分配时应遵循的原则

（3）时间。项目进度的时间参数如下。

① 项目预计开始时间和结束时间。承包商和客户在签订项目合同时，一般

都要规定项目预计的开始时间和结束时间，这两个时间或日期实际上规定了项目的时间周期，也就是规定了完成项目的时间限制。

② 最早开始时间和最早结束时间。最早开始时间是指某项活动能够开始的最早时间。最早结束时间是指某项活动能够完成的最早时间，它是在最早开始时间的基础上加上该活动的估算时间得出来的。

③ 最迟开始时间和最迟结束时间。最迟开始时间是指为了使项目在要求完工时间内完成，某项活动必须开始的最迟时间。最迟结束时间是指为了使项目在要求完工的时间内完成，该项活动必须完成的最迟时间。最迟开始时间，可以用该项活动的最迟结束时间减去其活动时间估算出来。

④ 时差。时差就是最迟开始时间与最早开始时间之差。

4.8.4　项目进度计划的编制过程

编制一个项目进度计划，一般需要经过以下过程。

（1）确定项目目的、需要和范围。其结果要素具体说明了项目成品、期望的时间、成本和质量目标。（回答是什么，做多少和什么时候。）要素范围包括用户决定的成果以及产品可以接受的程度，包括指定的一些可以接受的条件。

（2）指定的工作活动、任务或达到目标的工作被分解、下定义并列出清单。

（3）创建一个项目组织以指定部门、分包商和经理对工作活动负责。

（4）准备进度计划以表明工作活动的时间安排、截止日期和里程碑。

（5）准备预算和资源计划，表明资源的消耗量和使用时间，以及工作活动和相关事宜的开支。

（6）准备各种预测（需要多长时间，将会花费多少，何时项目将会结束），关于完成项目的工期、成本和质量预测。

项目进度计划示例如表4-2所示。

表 4-2　项目进度计划示例

序号	任务名称	工期	开始时间	完成时间	前置任务
1	**项目范围规划**	**2.5 工作日**	**20×× 年 6 月 24 日**	**20×× 年 6 月 26 日**	
2	确定项目范围	0.5 工作日	20×× 年 6 月 24 日	20×× 年 6 月 24 日	
3	项目资源配备	2 工作日	20×× 年 6 月 24 日	20×× 年 6 月 28 日	2
4	项目范围规划阶段	0 工作日	20×× 年 6 月 26 日	20×× 年 6 月 26 日	3
5	**软件需求分析**	**10.5 工作日**	**20×× 年 6 月 26 日**	**20×× 年 7 月 10 日**	
6	行为需求分析	5 工作日	20×× 年 6 月 26 日	20×× 年 7 月 3 日	4

续表

序号	任务名称	工期	开始时间	完成时间	前置任务
7	制定软件规范	2 工作日	20××年7月3日	20××年7月7日	6
8	制定成本预算	2 工作日	20××年7月7日	20××年7月9日	7
9	确定进度计划	1 工作日	20××年7月9日	20××年7月10日	8
10	风险分析	0.5 工作日	20××年7月10日	20××年7月10日	9
11	分析工作阶段结束	0 工作日	20××年7月10日	20××年7月10日	10
12	**原型设计**	**9.5 工作日**	**20××年7月11日**	**20××年7月22日**	**5**
13	制定功能规范	3 工作日	20××年7月11日	20××年7月15日	
14	根据功能规范开发	3.5 工作日	20××年7月16日	20××年7月21日	13
15	根据反馈修改功能	1 工作日	20××年7月21日	20××年7月22日	14
16	设计工作阶段结束	0 工作日	20××年7月22日	20××年7月22日	15
17	**开发**	**27.5 工作日**	**20××年7月22日**	**20××年8月28日**	**12**
18	确定模块及接口	1.5 工作日	20××年7月22日	20××年7月23日	
19	分派任务	1 工作日	20××年7月24日	20××年7月24日	18
20	编写代码	14 工作日	20××年7月25日	20××年8月13日	19
21	初步测试	11 工作日	20××年8月14日	20××年8月28日	20
22	开发完成	0 工作日	20××年8月28日	20××年8月28日	21
23	**测试**	**16 工作日**	**20××年8月29日**	**20××年9月19日**	**17**
24	单元测试	8 工作日	20××年8月29日	20××年9月9日	
25	集成测试	8 工作日	20××年9月10日	20××年9月19日	24
26	测试结束	0 工作日	20××年9月19日	20××年9月19日	25
27	**文档**	**14 工作日**	**20××年9月22日**	**20××年10月9日**	**23**
28	制定帮助系统	10 工作日	20××年9月22日	20××年10月3日	
29	制定用户手册	2 工作日	20××年10月6日	20××年10月7日	28
30	审阅文档	2 工作日	20××年10月8日	20××年10月9日	29
31	文档结束	0 工作日	20××年10月9日	20××年10月9日	30
32	**项目总结**	**4 工作日**	**20××年10月10日**	**20××年10月15日**	**27**

注：以上日期和工作日天数仅供参考，可根据实际情况修改。

4.9　项目进度的追踪与监控

进度控制主要是监督进度的执行状况，及时发现和纠正偏差、错误。在控制中要考虑影响项目进度变化的因素、项目进度变更对其他部分的影响因素、进度表变更时应采取的实际措施。

4.9.1　建立有效的风险防范计划

有效的风险防范计划可以降低不确定性因素对项目工期的影响，保证项目的顺利进展。风险防范的工作可以包含图4-9所示的几个方面。

工作一　制定一套项目风险防范的体系，包含：风险识别、风险确认、风险应对等方面的完整内容。这部分工作一般来讲，会由公司级项目管理体系来进行定义和规范

工作二　针对项目，提出项目风险的协调负责人，及相应的协调措施

工作三　在项目组内部建立对风险识别的特殊机制，如：每个人可以根据自己的工作内容，定期列举风险指数最高的 5 个风险，并提出相应的应对方案

图 4-9　风险防范的工作

4.9.2　建立良好的项目组内部及项目干系人之间的沟通管理制度

沟通是掌握各方信息，进行项目决策和项目协调的基础。实现有效进度控制对于沟通的要求，主要强调图4-10所示几点。

 及时与项目的客户进行沟通，了解其对于项目的特殊进度要求，以实行对工作任务的特殊处理

 对于需要项目组之外的资源进行配合的工作，及时通过有效的沟通途径提交给相关人员，以提早准备好配合的工作，免得影响项目的进展

 充分发挥项目组成员的作用，使之参与到问题解决当中来，如项目偏差的处理、风险的预防等

 定期举办项目进展的沟通会议，了解各成员的任务执行情况，通报项目的整体进展情况

图 4-10　沟通的要求

4.9.3 开展进度检查，并针对偏差采取对策

在进度控制当中，进度检查是最重要的和最关键的工作，如果不能了解项目实际进展情况，也就很难说执行什么进度控制了。

进度检查可以定期进行或不定期进行，其要求如图4-11所示。

定期进度检查 👉 定期执行的进度检查是指在预定的检查周期内执行的检查工作。检查周期是由项目组根据项目的实际情况来预先确定，可以为月、半月、周、半周、日等时间阶段。对于时间跨度比较大的项目，可以周期相对长一些，如：工期超过两年的项目，检查周期可以定为一个月；工期在3个月左右的项目，检查周期可以定义为1周。对于管理水平较高、资源能力较强，实施较成熟的项目，检查周期可以适当长一些，反之亦然。建议检查周期应该以不高于工期的10%为宜，检查工期不超过1个月，根据工作汇报机制的惯例，对于普通项目检查工期可以定为1周

不定期进度检查 👉 不定期的进度检查，可以在关键任务或里程碑任务的计划完成时间进行，一般不定期的任务检查，有一定的针对性和目的性

图 4-11　进度检查的分类

进度检查工作可以分为四个步骤执行，如图4-12所示。

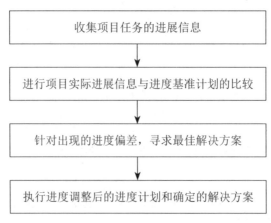

图 4-12　进度检查的步骤

（1）收集项目任务的进展信息。收集项目的进展信息，是进度控制的基础，它主要是通过各种方式，收集项目的进展信息，作为执行下步工作的依据。主要的工作方法有两种：进度汇报和进度查验，如图4-13所示。

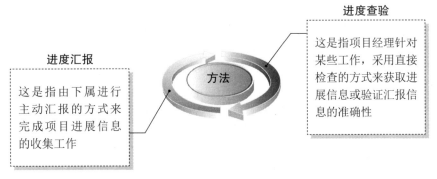

进度查验

这是指项目经理针对某些工作，采用直接检查的方式来获取进展信息或验证汇报信息的准确性

进度汇报

这是指由下属进行主动汇报的方式来完成项目进展信息的收集工作

方法

图 4-13　收集进展信息的方法

为了获得准确的项目进展信息，项目经理必须将两种方法进行有效的结合使用。需要收集的项目进展信息包括表4-3所示两个方面。

表 4-3　需要收集的项目进展信息

序号	类别	信息说明
1	任务执行状况	任务的实际开始和结束时间，当前任务完成的程度等
2	变更信息	范围变更、资源变更等诸多与项目进度相关联的变更内容

特别提醒

合理选择任务执行状况中的任务粒度也是项目经理必需掌握的技能。一般情况下，项目经理应根据项目进度基准计划中的工作分解来进行。具体的情况，可以根据实际状况来决定。对于项目组织内部有较细的结构划分时，需要采用由下向上逐级检查、逐级汇报的方式。

（2）进行项目实际进展信息与进度基准计划的比较。项目经理应将收集到的项目实际进展信息与项目的进度基准计划进行比较，看是否出现了进度偏差。如果没有偏差，进度检查到此结束，否则执行下一步工作。

（3）针对出现的进度偏差，寻求最佳解决方案。如果出现了进度偏差，项目经理应针对这些偏差进行分析和研究，发现其中的问题。如果需要问题解决，则针对问题寻找解决方案；如果需要进度计划的调整，则修改进度计划。

项目实施过程中出现进度偏差是在所难免的，实施进度控制就要求能对偏差能进行有效的控制，提出相应的解决方案，使之有利于项目的进展，具体如表4-4所示。

表4-4 进度偏差的解决方案

方法	适用的条件	不利之处
增加资源	有可调用的资源，加入资源对项目进展有明显作用	增加了成本，加大了沟通和任务安排上的难度，有时难以见效
加班赶工	具有加班的条件	增加成本，可能会降低资源的工作效率，引发副作用
快速跟进	关键路径上的后续活动，受延期活动的影响不很大时	可能会造成项目返工
协调解决问题	由于协调原因或配合方的工作不力造成了任务延期	无法解决现有的延期问题，因此需要和其他方法结合起来使用
提高资源工作能力，改进资源工作方法	延期的原因是由于资源工作能力不足或工作方法不佳引起的	可能效果不是立即见效
调整进度计划，压缩后续的关键路径工作的工期	在该任务延期比较严重，难以通过压缩该任务来追赶项目进度时	对后续工作的控制和实施工作要求较高
优化项目进度计划	原先制订的项目进度计划不合理	对项目的整体工作可能会产生影响
缩小项目范围、降低任务的要求	项目进度要求比范围和质量要求更高，缩小项目范围、降低项目质量不会产生对项目后果较严重的影响	对项目的质量产生不良的影响

（4）执行进度调整后的进度计划和确定的解决方案。项目经理应根据偏差的处理决定，执行解决方案，调整项目进度计划。如果需要的话，通知项目干系人。当进度偏差比较大时，项目经理应需要考虑缩小检查周期，以便更好地监视纠正措施的效果，以保障项目的如期完成。

4.9.4 预见性地发现和解决项目实施中的问题

在项目的实施过程中，项目的进度延期实际上有很多的苗头可以预见性地去发现，项目经理在发现后就可以及时去采取对策进行问题的解决，以有效地保障项目的顺利进行。

预见性发现问题的方法（解决的方法）如表4-5所示。

表 4-5　预见性发现问题的方法

问题	预见性发现 问题的方法（解决的方法）
配合方工作不力	在项目的需要配合的工作启动前，提早采取各种沟通方式去督促、提醒配合方实施配合的工作
工作任务延期	在检查工作时，不能仅仅检查是否完成，还要对正在执行的关键任务进行分析已完成工作的比重，以判断能否按期完成工作任务
工作目标和工作任务不明确	检查项目成员对负责的工作任务和相关的工作任务的了解情况，来发现是否明确自己的和团队的工作目标和工作任务
资源的工作能力不确定，工作方法不佳	检查项目成员是否具备完成任务所需的工作能力，工作方法是否有效
项目成员的士气低落	通过正面和侧面了解项目组成员的工作积极性

4.9.5　项目进度报告

项目进度报告是项目经理在项目进展到一定阶段时所制作的、用于总结前一时期项目进展中成功经验和失败教训的控制性文案。项目进度报告应包括以下几方面的内容：

（1）项目概况。

（2）项目进展情况。

（3）存在的问题。

（4）对存在问题的处理与解决措施。

项目进度报告的编写原则如表4-6所示。

表 4-6　项目进度报告的编写原则

编写原则	简要说明
报告要简明	报告简明才会有更多被阅读的机会，并且可节约时间、人力和物力
报告内容和形式要保持一致	报告尽量使用短句和易于理解的语言，应根据报告内容选择报告的模式和语言，书面报告应易读、易于理解
要多采用图表进行表达	图表是项目管理的工程语言，图表易于说明问题，并且直观、易于理解
报告对象和方式要一致	报告的内容和对象不同，报告采取的方式也不尽相同

4.9.6 运用项目管理软件

目前项目管理软件正被广泛地应用于项目管理工作中，尤其是它清晰的表达方式，在项目时间管理上更显得方便、灵活、高效。在管理软件中输入活动列表、估算的活动工期、活动之间的逻辑关系、参与活动的人力资源、成本，项目管理软件可以自动进行数学计算、平衡资源分配、成本计算，并可迅速地解决进度交叉问题，也可以打印显示出进度表。项目管理软件除了具备项目进度制订功能外还具有较强的项目执行记录、跟踪项目计划、实际完成情况记录的能力，并能及时给出实际和潜在的影响分析。

第 5 章

项目采购控制

章前概述

　　项目采购管理是为了完成项目工作，从项目团队外部购买或获取所需的产品、服务或成果的过程。在项目管理中，采购管理与质量管理、成本管理、进度管理一样占据着重要的位置。

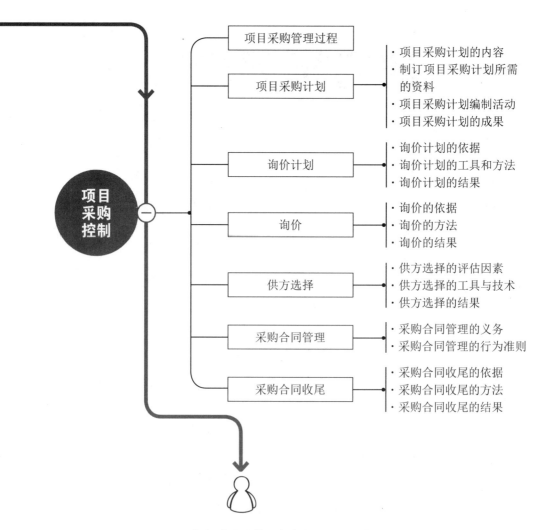

轻松学项目管理全流程之项目采购控制

5.1　项目采购管理过程

项目采购管理是为达到项目范围而执行从组织外部获取物资或服务所需的过程。项目采购管理由下列项目管理过程组成：项目采购计划、询价计划、询价、供方选择、合同管理以及合同收尾，如图5-1所示。

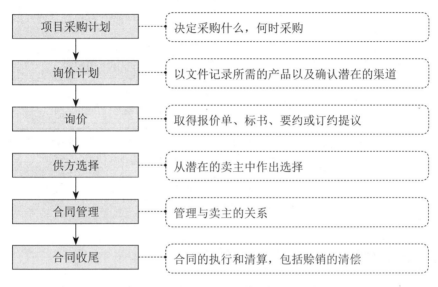

图 5-1　项目采购管理过程

这些过程之间以及与其他领域的过程之间相互作用。如果项目需要，每一过程可以由个人、多人或团体来完成。虽然在这里列举的过程是分立的阶段并具有明确定义的分界面，事实上他们是互相交织、互相作用的。

5.2　项目采购计划

项目采购计划是指确定哪些项目需求须从实施组织之外取得产品或服务的过程。该项过程应在范围定义期间完成。它涉及是否需要采购、如何采购、采购什么、采购多少，以及何时采购等问题。

5.2.1　项目采购计划的内容

项目采购计划主要包括以下六个方面的内容，如图5-2所示。

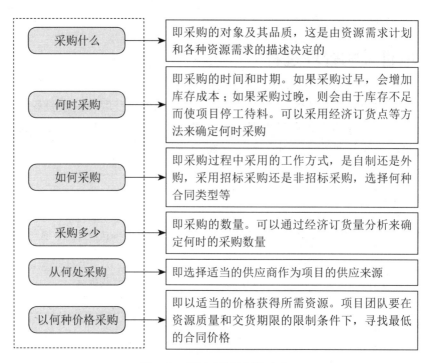

图 5-2　项目采购计划的内容

5.2.2　制订项目采购计划所需的资料

项目经理在制订项目采购计划之前，必须获得足够的相关信息，才能保证项目采购计划的科学性和可行性。制订项目采购计划所需的资料如表 5-1 所示。

表 5-1　项目采购计划所需的资料

序号	资料名称	说明
1	项目范围的信息	项目范围的信息描述了一个项目的边界和内容，项目范围信息其中还包含了在项目采购计划中必须考虑的有关项目需求与战略方面的重要信息
2	项目资源需求信息	项目资源需求信息主要是指项目需要对外采购的资源方面的数据和说明，这是指在开展项目活动中需要取得的各种资源的全面说明，其中必须包括：各类人力资源、财力资源和物力资源的需求说明
3	项目产出物的信息	项目产出物的信息是指有关项目最终生成产品的描述和技术说明，这既包括项目产出物的功能、特性和质量要求等方面的说明信息，也包括项目产出物的各种图纸、技术说明书等方面的文献和资料
4	市场条件	必须考虑什么产品和劳务在市场上可以得到，这些资源的市场在哪里，以及在什么情况下，以什么条件能够得到项目所需的资源等市场条件方面的信息

序号	资料名称	说明
5	其他的项目管理计划	项目采购计划制订中需要参考的计划还包括：项目集成计划、项目成本预算计划、项目质量管理计划、项目资金计划、人员配备计划等
6	约束条件	约束条件是限制项目经理在选择所需资源时的各种因素。对于许多项目来说，最普遍的约束条件之一是资金的可获得性。在制订项目采购计划时，一定要考虑由于项目资金的限制，可能不得不牺牲资源的质量等级，而去寻找价格更低，但同样能满足项目需求的资源
7	假设前提	假设前提是指那些为了项目采购计划编制的需要，而主观认定是真实的、现实的或者确定性的设定因素。例如，现在只知道某种资源的现价，并不知道当项目实际采购这种资源时它的价格，这时就需要假设一个价格，以便确定项目采购计划

5.2.3　项目采购计划编制活动

一个项目经理在编制采购计划中需要开展许多工作和活动。这些活动如图5-3所示。

活动一　**"制造或购买"的决策分析**

项目经理应该利用"制造或购买"的决策分析技术来决定需要从外部组织采购哪些资源（产品），而哪些资源由自己提供比较经济

活动二　**各种信息的加工处理**

项目经理需要对收集获得的各种相关信息进行加工和处理，从而找出计划制订决策的各种信息支持，可以聘请这类顾问或专业技术人员，对这些信息进行必要的加工和处理

活动三　**采购方式与合同类型的选择**

项目经理应该以适当的方式获得各种资源和究竟需要与资源供应商或分包商签订什么类型的采购合同

活动四　**项目采购计划文件的编制和标准化**

项目采购计划编制工作将最终生成项目采购计划、项目采购工作计划、项目采购标书、供应商评价标准等文件。项目经理应对项目采购计划文件进行标准化处理，即应该将这些计划管理文件按照一定的标准格式给出，以便供应商或分包商容易理解。常见的标准格式文件包括：标准的采购合同、标准的劳务合同、标准的招标书、标准的计划文件等

图 5-3　项目采购计划编制活动

5.2.4 项目采购计划的成果

项目采购计划编制的成果如表 5-2 所示。

表 5-2 项目采购计划编制的成果

序号	成果	说明
1	项目采购计划的内容	项目采购工作的总体安排、采购所用的合同类型、外取资源的估价办法、项目采购工作责任的确定、项目采购计划文件的标准化、如何管理资源供应商、如何协调采购工作与其他工作
2	项目采购作业计划	项目采购作业计划是指根据项目采购计划与各种资源需求信息，通过采用专家判断法和经济期量标准、经济定货点模型等方法和工具，制订出的项目采购工作的具体作业计划
3	采购要求说明文件	在采购要求说明文件中，应该充分详细地描述采购要求的细节，以便让供应商确认自己是否能够提供这些产品或劳务

具体项目采购计划可参考表 5-3。

表 5-3 项目采购计划

项目名称：　　　　　　　项目经理：　　　　　　　计划制定日期：

项目编号：　　　　　　　项目发起人：　　　　　　最新更新日期：

客户名称：　　　　　　　项目小组成员：

供应商		需要采购的产品或服务描述	对项目的影响				特别要求（时间、价格、质量性能……）	现有或潜在的供应商（内部或外部）	包装与运输、保险方面的要求	采购责任人					采购文件	
外部	内部		成本方面	质量方面	交付期方面	其他方面				姓名	提供 SOW	制订采购计划	获得批准	寻找供应商	采购文件	文件编号及保存地点

5.3　询价计划

询价计划包括准备询价中所需的各类单证文件、工具方法和采购评价标准等。

5.3.1　询价计划的依据

（1）采购管理计划。

（2）采购说明书。

（3）其他计划输出。

5.3.2　询价计划的工具

询价计划的工具即标准化文件，包括标准合同、标准采购项目说明、全部或部分标准投标文件。进行大量采购的组织应使大部分单证文件标准化。

5.3.3　询价计划的结果

询价计划的结果如表5-4所示。

表 5-4　询价计划的结果

序号	结果	说明
1	采购工作文件	采购工作文件有不同的类型，它们常用的名称有：投标书、询价书、谈判邀请书、初步意向书等。项目组织借助这些采购工作文件向供应商寻求报价和发盘
2	采购评价标准	即供应商的采购评价标准。通常需要使用这些评价标准来给供应商和他们的报价书、发盘或投标书评定等级或打分

5.4　询价

询价包括向供应商获取如何满足项目要求的信息。这一过程的工作大多数由供应商做，因而对项目来说没有花费。

5.4.1　询价的依据

（1）采购单证文件。采购单证文件要发送给全部或一部分潜在的供应商。

（2）合格供应商名单。一些组织都维持一个供应商信息名单和文件。这些名单一般都有供应商的相关经验和其他特点。

5.4.2 询价的方法

（1）投标者会议。投标者会议是指在提出建议前与潜在供应商的碰头会、投标者会议来确保所有潜在供应商对采购有一个清晰、共同的理解（技术要求、合同要求等）。对问题的答复有可能作为修订条款包含到采购单证文件里去。

（2）广告。在网络、出版物如报纸或专业出版物、专业刊物上登广告来寻找供应商。

5.4.3 询价的结果

询价的结果是从供应商处获得投标的建议书。

5.5 供方选择

供方选择是指接受投标或建议书，并根据评估标准选定某一供应商。

5.5.1 供方选择的评估因素

在供方选择过程中，除了成本或价格外，可能还有许多其他因素需要评估。

（1）价格可能是有现货供应产品的基本决定因素，但如果事实表明供应商不能及时交付产品，则所建议的最低价格就未必是最低的成本。

（2）建议书往往分成技术（方法）和商务（价格）两部分，两者单独评估。

（3）关键产品可能需要多个供方。

5.5.2 供方选择的工具与技术

（1）合同谈判。合同谈判就是在合同签字之前，对合同的结构与要求加以澄清，取得一致意见。合同的最后措辞应尽可能反映所有双方达成的一致意见。谈判的主题一般包括，但不限于：责任和权限、适用的条款和法律、技术和经营管理方法、合同资金筹集以及价格。

对于复杂的采购事项，合同谈判可能是个独立的过程，有自己的投入（例如，一份问题或未决事项清单）和产出（例如理解备忘录）。

（2）加权系统。加权系统指把定性数据加以量化，以减少个人偏见对供方选择影响的方法。多数加权系统包括：

① 对每项评估标准赋予一个数字加权值；

② 为期望卖方评定每项评估标准的得分；

③ 把得分乘以加权值；

④ 把所有乘积相加，求出总的得分。

（3）筛选系统。筛选系统指为一项或多项评估标准建立最低的绩效要求。例如，可以要求期望卖方首先提或一位具备具体资历的人——例如项目管理专业人员——作为项目经理，然后才能进一步考虑该建议书的其他部分。

（4）独立估算（标底）。对于许多采购事项而言，采购组织可以制定自己的独立估算（标底），用以核对卖方提出的要价。卖方的要价若与标底相差甚大，或者表明工作说明书编写得不恰当，或者说明期望卖方不是产生了误解，便是未对工作说明书的全部要求作出相应答对。独立估算往往称为合理成本估算。

5.5.3　供方选择的结果

供方选择的直接结果是签订合同。合同可以有多种名称，例如合同、协议书、分包合同、采购订单或理解备忘录等。

5.6　采购合同管理

采购合同管理是确保供应商的绩效符合合同要求的过程。对使用多个产品与服务供应商的大型项目来说，采购合同管理的一个关键方面是管理各供应商之间的衔接。采购合同关系的法律性质要求项目管理班子清醒地意识到合同管理中所采取行动的法律后果。

5.6.1　采购合同管理的义务

项目经理对采购合同的管理内容包括：

（1）依据采购合同的有关条款，监督要完成的工作。

（2）为产生的变化做筹备工作并对此进行处理。

（3）对采购合同所用语言和格式提供解释。

（4）当工作得到履行时开出发票。

在履行这些义务时，项目经理需要认识到的是：对上述行为的履行，如果没有达到合理性标准，那么项目经理、项目组织或者项目小组成员都可以被指控为有过失。这些不合理的行为也能导致相对方提出违约的主张。公司的执行人员必须制定相应的政策和程序来描述组织中有关采购合同管理的落实情况。

5.6.2 采购合同管理的行为准则

采购合同管理所涉及的主要行为准则包括以下内容。

（1）在采购合同签署之前，所有需要的签名、评注和批准都必须已经获得并且记录下来。

（2）在最终采购合同文本签署之前，不要履行任何工作，或者推迟采购合同的定稿，直到取得了正式的授权书。

（3）有关采购合同管理的优秀的合同文本和证据资料要包括项目经理对那些与采购合同有关的事项做出的记录，以及对采购合同的监督质量做出的记录。

（4）要确保组织服务的累计服务量和账单不超过采购合同所规定的范围和预算。

（5）制定并记录采购合同变更控制程序，这样对于为什么采购合同会变更，什么时候采购合同进行了变更，以及采购合同变更是怎样进行审查并获得通过的，就有了记录证明。

（6）在采购合同的磋商或管理过程中，出现麻烦之前就去寻求法律或者合同顾问的帮助。

5.7 采购合同收尾

采购合同收尾是把项目上的每个采购合同都了解，包括工作完成、产品验收和移交、价款结算和争议解决等。某采购合同提前终止是采购合同收尾的特殊情况。

5.7.1 采购合同收尾的依据

合同收尾的依据是采购合同文件。采购合同文件包括但不限于合同本身及其所有的支持表格，提出并批准的合同，所有承包商提出的技术文件、承包商进度报告、财务文件等。例如单据和付款记录以及所有与有关的检查结果。

5.7.2 采购合同收尾的方法

采购合同收尾的方法是采购审计。采购审计就是对从采购规划直到采购合同管理的整个采购过程系统的审查。采购审计的目标是确认成功和失败，以确保向本项目中其他采购项目的转移或向执行组织内的其他项目的转移。

5.7.3　采购合同收尾的结果

采购合同收尾的结果如图5-4所示。

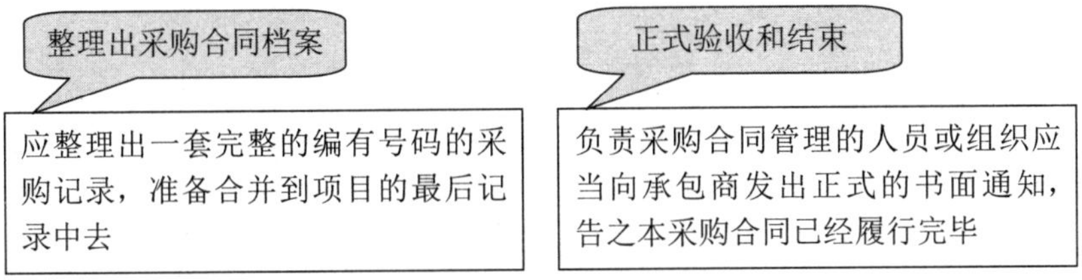

整理出采购合同档案

应整理出一套完整的编有号码的采购记录，准备合并到项目的最后记录中去

正式验收和结束

负责采购合同管理的人员或组织应当向承包商发出正式的书面通知，告之本采购合同已经履行完毕

图 5-4　采购合同收尾的结果

第 6 章

项目质量控制

章前概述

　　项目质量不是偶然的，也不是靠运气得到的。它是项目的所有利益相关者不懈努力的结果，他们关注客户要求，并满足这些要求。项目经理是确定客户要求的关键人物，他要保证所有参与者都朝着同一个方向努力。

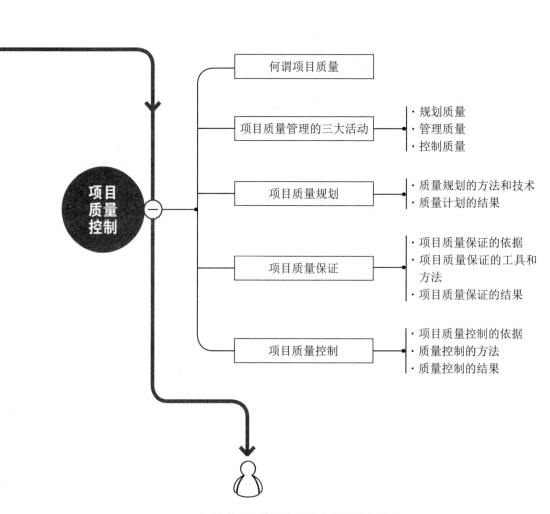

轻松学项目管理全流程之项目质量控制

6.1　何谓项目质量

质量，通常指产品的质量，广义的还包括工作的质量。产品质量是指产品的使用价值及其属性，而工作质量则是产品质量的保证，它反映了与产品质量直接有关的工作对产品质量的保证程度。

从项目作为一次性的活动来看，项目质量体现在由工作分解结构反映出的项目范围内所有的阶段、子项目、项目工作单元的质量；从项目作为一项最终产品来看，项目质量体现在其性能或者使用价值上，也即项目的产品质量。

项目活动是应客户方的要求进行的。不同的客户方有着不同的质量要求，其意图已反映在项目合同中。因此，项目质量除必须符合有关标准和法规外，还必须满足项目合同条款的要求，项目合同是进行项目质量管理的主要依据之一。

6.2　项目质量管理的三大活动

项目质量管理就是在一定技术、经济和社会条件下，运用先进的科学原理、生产技术，为保证和提高项目质量的一系列运作活动。

项目质量管理分为三个部分，如图6-1所示。

图 6-1　项目质量管理的三大活动

6.2.1　规划质量

识别项目及其可交付成果的质量要求和/或标准，并书面描述项目将如何证明符合质量要求和/或标准的过程。规划活动关注工作要达到的质量。

6.2.2　管理质量

把企业的质量政策应用于项目，并将质量管理计划转化为可执行的质量活动的过程。管理活动关注整个项目期间的质量过程。项目经理在管理质量过程期间，把在规划质量管理过程中识别的质量要求转化成测试与评估工具，将用于控制质量过程。

6.2.3　控制质量

控制质量是为了评估绩效，确保项目输出完整、正确，并满足客户期望，而监督和记录质量管理活动执行结果的过程。控制活动关注工作成果与质量要求的比较，确保结果可接受。

6.3　项目质量规划

质量的规划是在项目前期针对客户的需求进行全面、准确、客观的评估，连接具体的质量要求，并以此展开讨论、确认下一步的工作安排，拟定具体明确可操作的管控计划。该计划要与项目的核心干系人沟通、确认，以求达成共识，并支持计划的施行。

6.3.1　质量规划的方法和技术

质量规划的方法和技术包括如下方面。

（1）利益／成本分析。利益／成本分析的目的是找到最佳质量投入点，用来估算备选方案优势和劣势的财务分析工具，以确定可以创造最佳收益的分选方案。质量管理的基本原则是利益与成本之比尽可能大。

成本：一致性质量成本。

效益：减少返工，提高生产率，降低成本，提升干系人满意度及提升盈利能力。

质量成本：包括在产品生命周期中，为预防不符合要求，为评价产品或服务是否符合要求以及因未达到要求返工而发生的所有成本。它主要分为一致性成本和非一致性成本，一致性成本又分为预防成本和评估成本。非一致性成本又分为内部失败成本和外部失败成本。具体如表6-1所示。

表6-1　质量成本的分类

一致性成本	非一致性成本
1.预防成本（生产合格产品）	1.内部失败成本（项目内部发现）
培训 流程文档化 设备（使用好的设备） 正确的做事时间	返工 报废

续表

一致性成本	非一致性成本
2. 评估成本（评估质量）	2. 外部失败成本（客户发现）
测试 破坏性测试损失 检查	负债 保修 业务流失

（2）基准。基准主要是通过比较实际或计划项目的实施与其他同类项目的实施过程，为改进项目实施过程提供思路和一个实施的标准。

如果需要增加特定的质量管理活动，范围基准可能因本过程而改变。

（3）流程图。流程图是一个由任何箭线联系的若干因素关系图，流程图在质量管理中的应用主要包括两个方面，如图6-2所示。

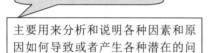

原因结果图	系统流程图或处理流程图
主要用来分析和说明各种因素和原因如何导致或者产生各种潜在的问题和后果	主要用来说明系统各种要素之间存在的相互关系，通过流程图可以帮助项目组提出解决所遇质量问题的相关方法

图 6-2 流程图的类别

（4）试验设计。试验设计对于分析辨明对整个项目输出结果最有影响的因素是很有效的，然而这种方法的应用存在着费用进度交换的问题。

6.3.2 质量计划的结果

（1）质量计划。质量计划是对特定的项目、服务、合同规定专门的质量措施、资源和活动顺序的文件。质量计划的工作内容：

① 实现的质量目标。

② 应承担的工作项目、要求、责任以及完成的时间等。

③ 在计划期内应达到的质量指标和用户质量要求。

④ 计划期内质量发展的具体目标、分段进度、实现的工作内容、项目实施准备工作、重大技术改进措施、检测及技术开发等。

（2）具体操作说明。对于一些特殊条款需要附加的操作说明，包括对他们的解释及在质量控制过程中如何度量的问题。比如说满足项目进度日期不能足以说是对项目管理质量的度量，项目管理组还必须指出每一项工作是否按时开始或者按时结束，各个独立的工作是否被度量或者仅是做了一定的说明等类似情况。

（3）检查表格。检查表格是一种用于对项目执行情况进行分析的工具，其可能是简单的也可能是复杂的，通常的描述包括命令和询问两种形式。许多组织已经形成了标准的确保频繁执行的工作顺利执行的体系。

【范本】▸▸

ERP 信息系统项目质量计划

1.目的

本质量计划的目的，是定义某公司ERP项目质量管理的策略，保证项目实施工作的健康开展。

2.内容和范围

2.1 项目质量计划将包括以下内容：

（1）控制和报告。

（2）工作管理。

（3）质量管理。

（4）验收管理。

2.2 该质量计划将同时适应客户方项目组成员和××项目组成员，并适应于整个项目实施范围。

3.控制和报告

3.1 风险和问题管理

3.1.1 项目实施的风险在项目实施的目标、范围和方法中已作出评估，这里风险和问题管理的对象，是项目进展中新产生的风险和其他问题，这些风险和问题将在项目工作会议上进行讨论和记录，并自始至终得到有效控制。

3.1.2 项目实施中碰到的问题，有些可能会超出项目小组能予以解决的范围。下面规定了这些问题的解决方法以确保项目的顺利实施。

（略）

3.1.3 对风险和问题作详尽的记录

（1）顾问或客户把发现的问题应及时统一登记（以下将问题或风险统称为问题）。

（2）双方项目经理将就问题作出调查，使问题更清晰具体。

3.1.4 解决问题及对问题的风险控制

（1）形成问题的备忘录文件。

（2）对不止一个解决方案的问题进行会议讨论并文档化。

（3）对每一个解决方案的实施时间、实施成本等多角度进行评估。

（4）项目经理据此提出推荐方案，并记录备忘。

（5）召开相关人员参加的专题会议，讨论推荐方案。

（6）如果问题的解决方案不影响合同的条款，项目经理将在问题登记簿上作注销标记。

（7）如果对问题没有采取任何行动，必须在问题登记簿上作记录，说明原因。

3.2 变更控制

变更指的是项目实施的范围、目标或方法发生了变化。变更控制程序如下。

3.2.1 建议变更

（1）某项变更的相关文档，应同时为顾问或客户项目经理所确认。

（2）项目变更责任人将：

① 对建议的变更填写变更申请单并将拷贝交给相关方面作评估。

② 在变更申请单中记录变更申请表。

③ 调查建议的变更将会带来的影响。

④ 评估如不作变更会带来的影响。

⑤ 对建议的变更给出答复。

⑥ 对变更申请表归档。

（3）如果变更不合理：

① 双方项目经理将一起就异议进行讨论并文档化。

② 如果可能，应就建议作的变更重新协商讨论，如果双方均同意没有必要进行变更则可取消并记录备查。

3.2.2 管理变更

（1）一旦变更申请表已签署，便可开始变更工作。

（2）项目经理将就双方同意的变更调整项目计划。

（3）变更的执行进度将及时在相关会议上报告。

（4）变更申请表将返回提出人，由其按完成日期更新变更申请登记簿。

（5）相关会议上将定期检查变更申请登记簿未完成的变更。

3.2.3 注意

任何对现有功能的修改或背离，或对合同规定的时间或金额的变更都将依据以上变更处理程序。一旦觉察到某种原因将影响合同的执行，如影响项目的实施计划、功能或成本，顾问方或客户方应提出变更申请。

对变更申请表的同意意味着对总体成本、功能或计划变更的同意。

3.3 问题管理

3.3.1 在文档、软件功能或方案测试中都可能发现问题，这些问题会给项目的实施带来可预见的缺陷。需要对这些问题进行跟踪并对其是否已被解决进行控制。

3.3.2 这里提供的是一个基本程序，保证合同双方在实施过程中对可能产生的问题均能发现并讨论、解决。对于那些由视察的专家提出的问题将直接记录并在相关会议上讨论。

3.3.3 问题管理程序如下。

3.3.3.1 记录问题的细节

（1）项目成员在移交的文档或软件中碰到问题时应填写问题报告。

（2）问题提出者将此报告提交给项目经理。

（3）项目经理将对问题报告作编号并记入问题登记簿。

3.3.3.2 调查问题

（1）项目经理或授权人将指定专人调查问题。

（2）调查结果由顾问和客户方项目经理审阅。

（3）如无需采取任何行动，也应在问题报告上作出解释，项目经理及时在问题登记簿上注销该问题。

3.3.3.3 解决问题

（1）对复杂的问题应详尽记录其处理过程。

（2）问题报告将转给相关人员负责处理。

（3）问题解决后，应由项目经理或授权人签字。

（4）将问题报告返还给项目经理以在问题登记簿上作注销问题登记。

3.4 状态控制和报告

3.4.1 用于检查项目的执行状况。

3.4.2 将以项目范围、目标和方法文件中定义的里程碑为节点，定期召开项目阶段总结会议，对前一阶段的工作进行回顾，对下一阶段的工作进行计划更新。

3.4.3　检查主要包括：

（1）项目实施小组检查在项目实施小组内部，定期进行检查，主要目的是：评价每位小组成员的前期工作；计划每位小组成员的下期工作；问题讨论、实施经验交流等。可以按周或按里程碑灵活安排。

（2）项目进度检查可以每月举行一次，由双方项目经理进行进度总结，总结问题处理或变更处理的情况，同时发布更新的项目工作计划。以会议的方式进行，需要完整的会议记录，包括会议举行的时间、要做何事、何人执行等，并在下一次项目进度检查会议上跟踪上次任务的完成情况。

（3）项目领导小组可以举行季度会议，主要进行全面检查，即检查项目的总体进展、风险和问题。现场视察报告应由项目领导小组提供，项目经理检阅。它们将与进度计划对照，所有悬而未决的问题将在会议上讨论，必要时记入风险和问题的备忘录。采取的对应措施应同时记录并归档，并对原有的风险和问题备忘录进行更新。

3.5　进度报告

项目经理应定期（月）检阅项目进展，并形成项目进度报告，向相关方面通报，并根据反馈信息指导项目管理。

4. 工作管理

此部分主要是明确项目实施工作的管理方法。

4.1　每周工作计划和小结

4.1.1　公司项目小组成员应：

（1）在周末作出本周工作小结。

（2）及时填写项目工时表。

（3）制订下周工作计划。

（4）将上述文档交客户方项目经理或管理秘书。

4.1.2　项目经理应：

（1）与客户方项目经理协作制订每周工作计划。

（2）根据项目工作计划，指派任务给每个项目组成员。

（3）根据项目的进展状况，调整项目工作计划。

4.2 每月工作计划和小结

客户方项目经理应：

（1）与××项目经理协作制订每周工作计划。

（2）根据每周工作小结，汇总产生月度项目进度报告。

（3）根据情况，送交月度项目进度报告给项目领导小组。

（4）根据项目工作计划做出月度工作计划。

（5）根据项目工作计划做出月度资源需求计划。

（6）根据项目进展的实际状况，调整项目工作计划。

4.3 项目评审计划和小结

双方项目经理应共同做好：

（1）评审计划。

（2）准备评审材料。

（3）准备评审环境。

（4）会议准备。

（5）评审文件归档。

5.质量管理

此部分主要明确如何检查项目实施的质量和如何评审已交付的阶段成果的质量。

5.1 质量检查

5.1.1 根据项目的进展情况，灵活进行项目实施的阶段评审和最终评审。对所有的可交付的阶段成果的评审记录，都要完整保存。评审人有各种角色，他们是：

（1）主席（评审领导人）。

（2）编写人（评审结果文档）。

（3）记录人员。

（4）其他评审人（如客户，咨询技术人员，咨询项目经理等）。

5.1.2 以上各类评审人员参与评审，最大程度上确保所交付成果得以从各个角度来评价。因为在检验前有大量的准备工作。（这正是评审工作耗费大的原因），因此需适当地提前开展（如对最后阶段的可交付成果或关键的任务）。

5.2　质量审计

项目实施期间，对质量管理的常规审核可由双方项目指导委员会成员定期进行。可采用以下格式的审核文档。

审核号	审核人	协调人	认可日期

6.验收管理

6.1　测试管理

对此项目采用以下测试标准：

（1）模块测试。

（2）单元测试。

（3）系统测试。

（4）集成测试。

6.2　测试执行

由以下成员负责执行测试工作：

（略）

6.2.1　××项目实施小组成员

（1）最终用户代表。

（2）客户方顾问代表。

6.2.2　采用以下方式记录测试执行的结果

（1）测试计划。

（2）测试方案和数据。

（3）测试结果和结论。

6.4　项目质量保证

项目质量保证是要在项目的管理过程中合理地去拆分项目阶段性成果，并就可交付成果进行检验、确认。每一次的交付都需要通过严谨地检查、核对，有合理的输出过程才能够更加规范地约束具体的活动行为。

6.4.1 项目质量保证的依据

项目质量保证的依据主要包括图6-3所示几个方面。

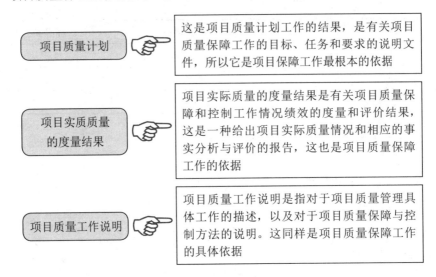

| 项目质量计划 | 这是项目质量计划工作的结果，是有关项目质量保障工作的目标、任务和要求的说明文件，所以它是项目保障工作最根本的依据 |

项目实质质量的度量结果　项目实际质量的度量结果是有关项目质量保障和控制工作情况绩效的度量和评价结果，这是一种给出项目实际质量情况和相应的事实分析与评价的报告，这也是项目质量保障工作的依据

项目质量工作说明　项目质量工作说明是指对于项目质量管理具体工作的描述，以及对于项目质量保障与控制方法的说明。这同样是项目质量保障工作的具体依据

图 6-3　项目质量保证的依据

6.4.2 项目质量保证的工具和方法

（1）质量计划的工具和技术。

（2）质量审核。质量审核是确定质量活动及其有关结果是否符合计划安排，以及这些安排是否有效地贯彻执行，并适合系统地、独立地审查目标达成情况。通过质量审核，评价审核对象的现状与规定要求之间的符合性，并确定是否须采取改进纠正措施，从而保证项目质量符合规定要求；保证设计、实施与组织过程符合规定要求；保证质量体系有效运行并不断完善，提高质量管理水平。

质量审核的分类包括：质量体系审核、项目质量审核、过程（工序）质量审核、监督审核、内部质量审核、外部质量审核。

质量审核可以是有计划的，也可以是随机的，它可以由专门的审计员或者是第三方质量系统注册组织审核。

6.4.3 项目质量保证的结果

质量保证的结果是质量提高。质量提高包括采取措施提高项目的效益和效率，为项目干系人提供更多的利益。在大多数情况下，完成提高质量的工作要求做好改变需求或采取纠正措施的准备工作，并按照整体变化控制的程序执行。

6.5　项目质量控制

项目质量控制是指对于项目质量实施情况的监督和管理。质量控制的主要内容包括：项目质量实际情况的度量，项目质量实际与项目质量标准的比较，项目质量误差与问题的确认，项目质量问题的原因分析和采取纠偏措施以消除项目质量差距与问题等一系列活动。

6.5.1　项目质量控制的依据

项目质量控制的依据如图6-4所示。

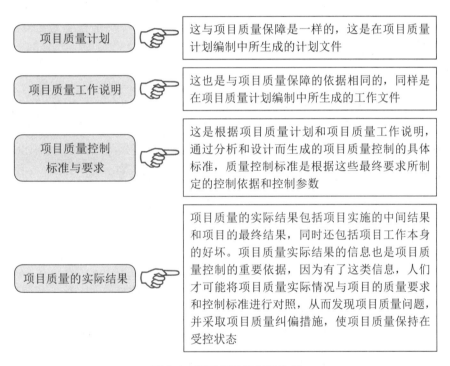

图 6-4　项目质量控制的依据

6.5.2　质量控制的方法

（1）检查：包括度量、考察和测试。质量检查的内容有个两方面：一是进行评审，是合格还是不合格？能打多少分？二是提出建议，对质量的好坏进行分析，以便"改差为好""好上加好"。以下是人们经常采用的质量检查措施：

① 事先把检查的主要内容制成一张表，使检查活动集中在主要问题上。

② 只评审工作，不评审开发者。评审的气氛应该是融洽的。存在的错误应该被有礼貌地指出来，任何人的意见都不应被阻挠或忽视。

③ 建立一个议事日程并遵循它。检查过程不能放任自流，必须按照既定的方向和日程进行。

④ 不要花太多的时间争论和辩驳。

⑤ 说清楚问题所在，但不要企图当场解决所有问题。

⑥ 对检查人员进行适当的培训。

特别提醒

质量检查并不是要等到项目结束才执行唯一的一次，应该在每个实践环节都要执行。对应于进度表，在每个里程碑到达时执行质量检查比较合理。

（2）排列图。排列图是一种直方图，由事件发生的频率组织而成，用以显示多少成果是产生于已确定的各种类型的原因的。等级序列是用来指导纠错行动的项目小组应首先采取措施去解决导致最多缺陷的问题的。排列图与帕累特法则的观点有联系，后者认为相应的少数原因会导致大量的问题或缺陷出现，如图6-5所示。

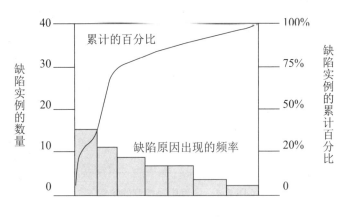

图6-5　排列图示例

（3）统计样本。对项目实际执行情况的统计值是项目质量控制的基础，统计样本涉及样本选择的代表性，合适的样本通常可以减少项目控制的费用，当然这需要一些样本统计方面的知识，项目管理组有必要熟悉样本统计的技术。

（4）流程图。流程图通常被用于项目质量控制过程中，其主要的目的是确定以及分析问题产生的原因。

流程图能够帮助项目小组预测可能发生哪些质量问题，在哪个环节发生，因而有助于使解决问题手段更为高明，如图6-6所示。

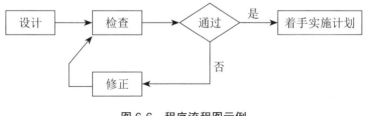

图 6-6 程序流程图示例

（5）趋势分析。趋势分析是应用数学的技术根据历史的数据预测项目未来的发展，趋势分析通常被用来监控以下两方面：

① 技术参数：多少错误或缺点已被识别和纠正，多少错误仍然未被校正。

② 费用和进度参数：多少工作在规定的时间内被按期完成。

6.5.3 质量控制的结果

项目质量控制的结果是项目质量控制和质量保障工作所形成的综合结果，是项目质量管理全部工作的综合结果。这种结果的主要内容包括五个方面，如图6-7所示。

图 6-7 质量控制的结果

（1）项目质量的改进。项目质量的改进是指通过项目质量管理与控制所带来的项目质量提高。项目质量改进是项目质量控制和保障工作共同作用的结果，也是项目质量控制最为重要的一项结果。

（2）对于项目质量的接受。对于项目质量的接受包括两个方面：

① 项目质量控制人员根据项目质量标准对已完成的项目结果进行检验后对该项结果所做出的接受和认可。

② 项目客户根据项目总体质量标准对已完成项目工作结果进行检验后做出的接受和认可。

特别提醒

> 项目客户做出了接受项目质量的决定，就表示一项项目工作或一个项目已经完成并达到了项目质量要求，如果项目客户做出不接受的决定就应要求项目返工和恢复并达到项目质量要求。

（3）返工。返工是指在项目质量控制中发现某项工作存在着质量问题并且其工作结果无法接受时，所采取的将有缺陷或不符合要求的项目工作结果重新变为符合质量要求的一种工作。

返工的原因通常为项目质量计划考虑不周、项目质量保障不力、出现意外变故。返工所带来的不良后果则是延误项目进度、增加项目成本、影响项目形象。

特别提醒

> 重大或多次的项目返工会导致整个项目成本超出预算，并且无法在预定工期内交付成果。返工是最严重的质量后果之一，项目团队应尽力加以避免。

（4）核检结束清单。当使用核检清单开展项目质量控制时，已经完成了核检的工作清单记录是项目质量控制报告的一部分。这一结果通常可以作为历史信息被使用，以便对下一步项目质量控制所做的调整和改进提供依据和信息。

（5）项目调整和变更。项目调整和变更是指根据项目质量控制的结果和面临的问题（一般是比较严重的，或事关全局性的项目质量问题），或者是根据项目各干系人提出的项目质量变更请求，对整个项目的过程或活动所采取的调整、变更和纠偏行动。

在某些情况下，项目调整和变更是不可避免的。例如，当发生了严重质量问题而无法通过返工修复项目质量时；当发生了重要意外而进行项目变更时都会出现项目调整的结果。

第 7 章

项目风险控制

章前概述

　　在项目的生命周期中，总是会出现许多不确定的因素，它们会打乱项目的原定计划，项目风险管理就是对项目实施过程中的这些风险因素进行控制。

　　在项目中开展风险管理的步骤由识别、评估、计划、实施和沟通这五个基本步骤组成，缺一不可。

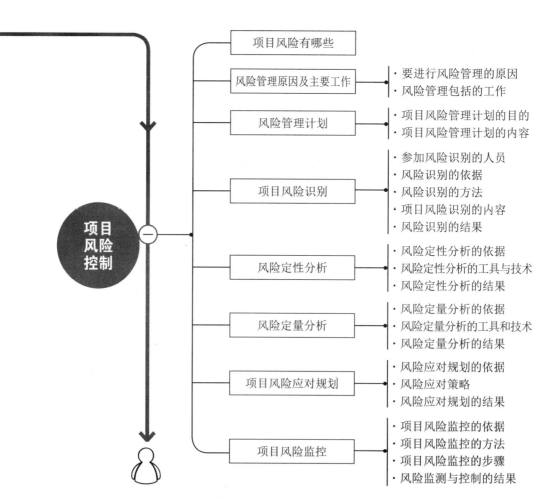

项目风险控制

- 项目风险有哪些
- 风险管理原因及主要工作
  - ·要进行风险管理的原因
  - ·风险管理包括的工作
- 风险管理计划
  - ·项目风险管理计划的目的
  - ·项目风险管理计划的内容
- 项目风险识别
  - ·参加风险识别的人员
  - ·风险识别的依据
  - ·风险识别的方法
  - ·项目风险识别的内容
  - ·风险识别的结果
- 风险定性分析
  - ·风险定性分析的依据
  - ·风险定性分析的工具与技术
  - ·风险定性分析的结果
- 风险定量分析
  - ·风险定量分析的依据
  - ·风险定量分析的工具和技术
  - ·风险定量分析的结果
- 项目风险应对规划
  - ·风险应对规划的依据
  - ·风险应对策略
  - ·风险应对规划的结果
- 项目风险监控
  - ·项目风险监控的依据
  - ·项目风险监控的方法
  - ·项目风险监控的步骤
  - ·风险监测与控制的结果

轻松学项目管理全流程之项目风险控制

7.1 项目风险有哪些

项目风险是一种不确定事件或状况，一旦发生，会对项目目标产生有利或不利后果。风险事出有因，一旦发生会产生严重后果。例如，原因之一可能是需要申请许可证，或者是分配给项目的人员有限，而面临的风险可能是许可证申请过程比原计划长，或者所分配的人手不能完成任务。这两个不确定事件无论发生哪一个，都会对项目的成本、进度或者质量产生不良后果。风险状况则包括项目环境中可能造成项目风险的一些方面，例如，项目管理方式欠佳，或者过分依赖无法控制的外单位参与者。

风险有两类：可预见风险和不可预见风险。可预见风险，是可以预见的，可以计划的，也可以管理的。不可预见风险则是不能预见、不可计划、不可管理，那它就需要应急措施。项目中一般有以下风险：

（1）重要人员突然离开项目组，如被抽调到别的项目、突然生病、跳槽等。

（2）项目进行中行业标准或相关政策发生变化。

（3）需求发生重大变更。

（4）某些成员能力不胜任其工作。

（5）各部门配合不尽如人意，所需协助得不到。

（6）项目进行到一半时出现难以解决的技术问题。

（7）因自然灾害导致的交通问题使项目不能在计划日期内完成系统上线。

（8）意外事故导致电脑系统崩溃，项目的大部分文档和数据丢失。

特别提醒

对项目产生威胁的风险在某些情况下也是可以接受的，如果能够很好地平衡，有时还会产生正面的影响。比如快速跟进，快速跟进会带来返工的风险，但是，如果能够计划并管理好，快速跟进同样可以大大缩减项目工期。

7.2 风险管理原因及主要工作

7.2.1 要进行风险管理的原因

因为我们面临一系列的问题：

（1）我们的项目会有哪些潜在的问题现在还看不到？

（2）风险发生的可能性有多大？

（3）谁负责监控和处理风险？

（4）我们用什么策略和措施应对项目风险？

（5）项目干系人对风险的心理承受能力有多大？

要解决上面的这些问题，项目经理必须对项目风险需要识别、分析、应对和监控，制订整个项目的风险管理应有一个计划，可考虑以前总结出来的风险应对策略，也就是进行风险管理。

7.2.2　风险管理包括的工作

风险管理就是要系统化地识别、分析和应对风险，最大化正面影响，最小化负面影响。具体包含图7-1所示一些工作。

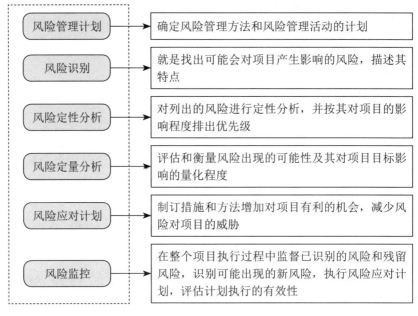

图 7-1　风险管理包括的工作

7.3　风险管理计划

项目风险管理计划就是项目风险管理的一整套计划。它主要包括定义项目风险管理的行动方案及方式、选择合适的风险管理方法、确定风险判断的依据等。

7.3.1 项目风险管理计划的目的

项目风险管理计划是一个迭代过程，包括评估、控制、监控和记录项目风险的各种活动。通过制订项目风险计划，可以实现以下几个目的。

（1）尽可能消除风险。

（2）隔离风险并使之尽量降低。

（3）制订若干备选行动方案。

（4）建立时间和经费储备以应付不可避免的风险。

7.3.2 项目风险管理计划的内容

项目风险管理计划，是对项目风险管理活动作出规划。在风险管理计划里面，需要明确风险如何管理、用什么样的方法、谁负责风险 A、谁负责风险 B，责任要明确。还有风险评估的方法，也就是为什么要把某个事件当作项目的风险。如果出现了风险，项目干系人能够承受的限度是多少？每项风险的预算是多少？风险如何监控？如何报告？如何跟踪、记录？这些都需要在风险管理计划中得到明确。其具体内容如表7-1所示。

表 7-1 项目风险管理计划的内容

序号	项目	内容说明
1	风险管理方法	确定可能采用的风险管理方法、工具和数据信息来源。针对项目的不同阶段、不同局部、不同的评估情况，可以灵活采用不同的方法策略
2	岗位职责	确定风险管理活动中每一类别行动的具体领导者、支持者及行动小组成员，明确各自的岗位职责
3	时间	明确在整个项目的生命周期中实施风险管理的周期或频率，包括对于风险管理过程各个运行阶段、过程进行评价、控制和修正的时间点或周期
4	预算	确定用于项目风险管理的预算
5	评分与说明	明确定义风险分析的评分标准并加以准确说明，有利于保证执行过程的连续性和决策的及时性
6	承受度	明确对于何种风险将由谁以何种方式采取何种应对行动。作为计划有效性的衡量基准，可以避免项目相关各方对计划理解产生歧义
7	报告格式	明确风险管理各流程中应报告和沟通的内容、范围、渠道和方式，使项目团队内部、与上级主管和投资方之间以及与协作方之间的信息沟通顺畅、及时、准确
8	跟踪	为了有效地对当前项目进行管理、监察、审计，以及积累经验、吸取教训，应该将风险及对其采取的管理行为的方方面面都记录下来，归档留存。记录应该按照统一规定的文档格式和要求

【范本】▸▸

××项目风险管理计划模板

1.概述

描述本项目状态报告存在的必要性、用途。

2.定义和缩略语

为适当地解释这个报告，需要了解其中的所有术语和缩略语。这一段定义或提供对它们定义的参考资料。如果没有，填写无。

3.项目风险管理组织

（略）

4.项目定义风险管理表

4.1 项目风险类别定义

风险类别	描述

4.2 项目风险概率和影响定义

项目	值	定性描述	进度	成本	质量	范围
概率	0.9	非常高				
	0.7	高	表示发生的可能性			
	0.5	中				
	0.3	低				
	0.1	非常低				
影响	0.8	非常高	进度延期一月以上	成本超支20%	项目最终结果实际无法使用	每月重大变更大于3起
	0.4	高	进度延期半月以上	成本超支10%～20%	质量降低到顾客不能接受的程度	每月重大变更大于2起
	0.2	中	进度延期一周以上	成本超支5%～10%	质量下降到需要由顾客审批同意的程度	每月重大变更大于1起

续表

项目	值	定性描述	进度	成本	质量	范围
影响	0.1	低	进度延期三天以上一周以内	成本超支小于5%	仅有要求极其严格的应用受到影响	每月变更大于5起
	0.05	非常低	进度延期两天以内	成本超支不明显	质量下降并不显著	每月变更大于1起

4.3　项目风险状态定义

风险状态	状态描述
跟踪中	处于监视中
正减轻	风险发生的可能减小或带来的影响正在减轻
正应急处理	发生了超出预期，正在紧急处理
已关闭	风险应对成功后被关闭
已消失	风险发生的可能减小为0
……	……

4.4　项目风险管理表

（1）风险管理表（略）

（2）参数定义表

参数	值	定性描述	进度	成本	质量	范围
影响	0.8	非常高	进度延期一月以上	成本超支20%	项目最终结果实际无法使用	每月重大变更大于3起
	0.4	高	进度延期半月以上	成本超支10%～20%	质量降低到顾客不能接受的程度	每月重大变更大于2起
	0.2	中	进度延期一周以上	成本超支5%～10%	质量下降到需要由顾客审批同意的程度	每月重大变更大于1起
	0.1	低	进度延期三天以上一周以内	成本超支小于5%	仅有要求极其严格的应用受到影响	每月变更大于5起
	0.05	非常低	进度延期两天以内	成本超支不明显	质量下降并不显著	每月变更大于1起

续表

参数	值	定性描述	进度	成本	质量	范围
概率	0.9	非常高				
	0.7	高				
	0.5	中	表示发生的可能性			
	0.3	低				
	0.1	非常低				

注：表中斜体部分为风险管理负责人在制订风险计划时根据项目实际情况确定。

（3）风险综合影响分类标准

		风险概率（P）				
		0.1	0.3	0.5	0.7	0.9
风险影响（I）	0.05	0.005	0.015	0.025	0.035	0.05
	0.1	0.01	0.03	0.05	0.07	0.09
	0.2	0.02	0.06	0.10	0.14	0.18
	0.4	0.04	0.12	0.20	0.28	0.36
	0.8	0.08	0.24	0.40	0.56	0.72

注：风险概率与风险影响的得分相乘后的结果表示风险的综合影响程度，可分为高、中低三类，分别用三种颜色标注。

表示该风险的综合影响程度低。

表示该风险的综合影响程度中等。

表示该风险的综合影响程度高。

5.项目风险管理策略

风险管理活动的范围	明确风险管理活动涵盖的范围，如项目的生存周期中的几个阶段，或者是项目的过程、人员和技术等几个方面
工具和方法	风险识别采用的方法和工具：风险识别检查表、头脑风暴、专家访谈等；使用项目管理软件／系统（PMS）记录所有的风险
	风险分析采用的方法和工具：进行概率与影响评估，按风险综合影响对风险进行优先级排序；使用PMS记录风险分析结果
	风险监控采用的方法和工具：进行风险再评估、风险审计等；更新项目计划，通过PMS对监控活动和执行情况进行跟踪

续表

工具和方法	风险应对采用的方法和工具：风险应对的策略包括风险规避、风险转移、风险减轻、风险承担等；更新项目计划，通过 PMS 对应对活动和执行情况进行跟踪和监控
风险应对策略	见 PMS 中风险管理策略
风险跟踪和报告机制	风险跟踪机制：每周跟踪风险触发器状态。 在项目范围发生变化、项目关键指标出现问题时，重新评估风险。 报告机制：项目周报中报告，里程碑处报告

6. 项目风险管理进度安排

任务	开始时间	结束时间	责任人	备注
成立风险管理小组				
培训风险管理知识				
定义风险管理表				
识别和收集风险第 1 轮				
分析和评估风险第 1 轮				
识别和收集风险第 2 轮				
分析和评估风险第 2 轮				
……				

7. 其他

描述其他需要说明的内容。如果没有，填写无。

7.4　项目风险识别

风险识别就是确定何种风险事件可能影响项目，并将这些风险的特性整理成文档。风险识别是项目管理者识别风险来源、确定风险发生条件、描述风险特征并评价风险影响的过程。风险一旦得到识别之后，往往就可制定简单而有效的风险应对措施，并将其付诸实施。

7.4.1 参加风险识别的人员

参加风险识别的人员通常应尽可能包括以下人员：项目管理组、风险管理组、公司其他部门相关领域专家、客户、最终用户、其他项目经理、利害关系者和外聘专家。

风险识别是一项反复的过程。第一次反复可以由项目管理组一部分人，或由风险管理组进行，整个项目管理组和主要利害关系者可以进行第二次反复，为保证分析不致出现偏颇，最后一轮反复可以由与项目无关的人员进行。

7.4.2 风险识别的依据

项目经理可以依据表7-2所示文件来识别项目的风险。

表 7-2　风险识别的依据

序号	文件名	说明
1	立项报告	立项报告中明确了项目的总目标，整个项目围绕这个目标展开
2	范围说明书	范围说明书明确了项目的范围，可以从中事先判断出范围中的某项工作会有什么样的风险，以及它对项目的影响
3	风险管理计划	风险管理计划为识别风险过程提供一些关键要素，包括角色和职责分配、已列入预算和进度计划的风险管理活动，以及可能以风险分解结构的形式呈现的风险类型
4	成本管理计划	成本管理计划中规定的工作流程和控制方法有助于在整个项目内识别风险
5	进度管理计划	进度管理计划有助于了解可能受风险（已知的和未知的）影响的项目时间（进度）目标及预期
6	质量管理计划	质量管理计划中规定的质量测量和度量基准，可用于识别风险
7	人力资源管理计划	人力资源管理计划为如何定义、配备、管理和最终遣散项目人力资源提供指南。其中也包括了角色和职责、项目组织图和人员配备管理计划，他们是识别风险过程的重要输入
8	干系人登记册	可以利用干系人的信息确保关键干系人，特别是发起人和客户，能以访谈或其他方式参与识别风险的过程，为识别风险过程提供各种输入
9	项目文件	项目文件能为项目团队更好地识别风险提供与决策有关的信息。项目文件有助于跨团队沟通和干系人之间的沟通。项目文件应包括（但不限于）： （1）项目章程； （2）项目进度计划；

续表

序号	文件名	说明
9	项目文件	（3）进度网络图； （4）问题日志； （5）质量核对单； （6）对识别风险有用的其他信息
10	采购文件	如果项目需要采购外部资源。采购文件就成为识别风险的重要输入。采购文件的复杂程度和项目程度应与计划采购的价值及采购中的风险相匹配

7.4.3　风险识别的方法

（1）项目文档审阅。这是风险识别的第一步，找出项目文档中的假设条件、限制因素，理解项目的目标、项目的范围、项目的资源计划、进度计划、成本估算等。

（2）信息收集技术。信息收集技术有头脑风暴法、特尔斐技术、访谈、SWOT分析等。

① 头脑风暴法。集思广益会也许是最常用的风险识别技术。其目的是取得一份综合的风险清单，供日后风险定性与定量分析过程使用。

集思广益会通常由项目管理组主持，也可邀请多学科专家来实施此项技术。在一位主持人的推动下，与会人员就项目的风险进行研讨。在广泛的范围内识别风险来源，将其公布，供与会者审议。然后再对风险进行分门别类，并对其定义进一步加以明确。

② 特尔斐（Delphi）技术。特尔斐技术是专家就某一专题（例如项目风险）达成一致意见的一种方式。先确定谁是项目风险专家，然后请他们以匿名方式参与此项活动。

主持人用问卷征询有关重要项目风险的见解。问卷的答案交回后随即在专家之中传阅，请他们进一步发表意见。此项过程进行若干轮之后，就不难得出关于主要项目风险的一致看法。特尔斐技术有助于减少数据中的偏倚并防止任何个人对结果产生不适当影响。

③ 访谈。访谈的对象包括业务方面的专家、技术方面的专家、行业专家、有经验的项目经理等。

访问有经验的项目经理或某项问题的专家可以识别风险。负责风险识别者先物色适当人选，向他们简明扼要地介绍项目情况，并提供工作分解结构与项目各项假设等有关资料，被访者根据自己经验、项目的有关资料及其他资料来识别项目的风险。

④ SWOT 分析。SWOT 分析就是对自己的优势、劣势、机会和威胁进行综合分析。可以用一个二维的表格来表示，如图 7-2 所示。

内部分析 外部分析	优势 S 1. 2.　列出优势 3.	劣势 S 1. 2.　列出劣势 3.
机会 O 1. 2.　列出机会 3.	SO 战略 1. 2.　发出优势 3.　利用机会	WO 战略 1. 2.　克服劣势 3.　利用机会
威胁 T 1. 2.　列出威胁 3.	ST 战略 1. 2.　利用优势 3.　回避威胁	WT 战略 1. 2.　减少劣势 3.　回避威胁

图 7-2　SWOT 分析示例

（3）核对表。风险识别所用的核对表可根据历史资料、以往项目类型所积累的知识以及其他信息来源着手制定。使用核对表的优点之一是风险识别过程迅速简便。其缺点之一是所制定核对表不可能包罗万象，而使用者所考虑的范围却被有效地限制在核对表所列范畴之内。应该注意探讨标准核对表上未列出的事项，如果此类事项与所考虑的具体项目相关的话。核对表应逐项列出项目所有类型的可能风险。务必要把核对表的审议作为每个项目收尾程序的一个正式步骤，以便对所列潜在风险清单以及风险描述进行改进。具体如表 7-3 所示。

表 7-3　项目风险识别核对表

风险因素	识别标准	风险核查结果		
项目的环境		大	中	小
（1）项目组织结构	稳定 / 胜任	□	□	□
（2）组织变更的可能	较小	□	□	□
（3）项目对环境的影响	较低	□	□	□
（4）政府的干涉程度	较少	□	□	□
（5）政策的透明程度	透明			
……				

续表

风险因素	识别标准	风险核查结果		
项目管理				
（1）业主同类项目经验	有经验	☐	☐	☐
（2）项目经理的能力	经验丰富	☐	☐	☐
（3）项目管理技术	可靠			
（4）切实地进行了可行性研究	详细	☐	☐	☐
（5）承包商富有经验、诚实可靠	有经验	☐	☐	☐
……				
项目性质				
（1）工程的范围	通常情况	☐	☐	☐
（2）复杂程度	相对简单	☐	☐	☐
（3）使用的技术	成熟可靠			
（4）计划日期	可合理顺延	☐	☐	☐
（5）潜在的变更	较确定	☐	☐	☐
……				
项目人员				
（1）基本素质	达到要求	☐	☐	☐
（2）参与程度	积极参与	☐	☐	☐
（3）项目监督人员	达到要求	☐	☐	☐
（4）管理人员的经验	经验丰富			
……				
费用估算				
（1）合同计价标准	固定价格	☐	☐	☐
（2）项目估算	有详细估算	☐	☐	☐
（3）合同条件	标准条件	☐	☐	☐
……				

（4）假设分析。每个项目都是根据一套假定、设想或者假设进行构思与制定的。假设分析是检验假设有效性（即假设是否站得住脚）的一种技术。它主要辨认假设的不精确、不一致、不完整对项目所造成的风险。

（5）图解技术。图解技术可包括以下内容。

① 因果图（又叫石川图或鱼骨图）——对识别风险的原因十分有用。

② 系统或过程流程图——显示系统的各要素之间如何相互联系以及因果传导机制。

③ 影响图——显示因果影响、按时间顺序排列的事件，以及变量与结果之间的其他关系的问题的图解表示法。

7.4.4 项目风险识别的内容

项目风险识别的内容如表7-4所示。

表 7-4 项目风险识别的内容

序号	识别项目	具体内容
1	人员	（1）是否能得到这些人员 （2）他们是否具备需要的教育背景 （3）他们是否具备需要的工作经验 （4）他们的时间是否能保证 （5）他们是否能承担任务 （6）他们是否清楚项目的要求
2	进度方面	（1）里程碑的设定是否可行 （2）关键路径是否清楚 （3）关键路径上的活动是否能按时进行 （4）浮动时间是否充分 （5）活动之间的逻辑关系是否清楚
3	财务	（1）项目资金是否能保证 （2）是否能控制项目资金 （3）市场价格是否会变化 （4）人员的开支是否确定
4	行政	（1）项目是否得到了明确的授权 （2）相关方的需求是否清楚 （3）是否得到了相关方的承诺 （4）与相关方是否进行了沟通 （5）物质条件是否具备
5	范围	（1）项目范围界定是否明确 （2）客户要求动态是否多变
6	合同	合同的责任和义务及应负的法律责任是否明确
7	环境	（1）气候是否会对项目造成影响 （2）地理位置是否会对项目造成影响
8	技术	（1）这种技术是否可行 （2）它是否得到了验证 （3）是否能够获得它 （4）它是否容易理解和应用

7.4.5　风险识别的结果

风险识别的结果包括：已识别出的风险列表、风险征兆或警告信号、潜在的风险应对方法列表、风险的根本原因、更新的风险分类、项目管理计划（更新的），如表7-5所示。风险初始识别清单如表7-6所示。

表 7-5　风险识别的结果

序号	识别项目	具体内容
1	已识别出的风险列表	描述了已识别出的风险、风险的根本原因、假设中的不确定性以及风险造成的影响。每个风险要分配一个责任人以便对风险进行分析、应对和监控
2	风险征兆或警告信号	风险需要利用这些标识在其将要发生时提高人们的警惕性。已经发生的事情不再是风险而是问题
3	潜在的风险应对方法列表	对应方法在风险识别过程中可能会对如何应对风险进行简单的建议。这为将来的风险应对过程提供了非常有用的输入
4	风险的根本原因分析表	风险的根本原因是导致风险的基本条件或事件。一个根本原因会导致多个风险，通过对根本原因的分析，可以非常有效地进行风险的应对
5	更新的风险分类	识别风险的过程会为风险类别列表添加新的风险类别。在风险管理计划过程中开发出来的风险分解结构（RBS）要在风险识别的基础上进行增强或修正
6	项目管理计划（更新的）	风险识别过程可能需要采取进一步措施，包括更新项目管理计划中的其他过程计划。如：WBS 可能不够详细，结果不能进行有效的风险识别；或者进度计划中没有包括被重要风险影响的活动。项目管理计划及其辅助计划的变更（添加、修改、修订）是通过整体变更控制系统处理的

表 7-6　风险初始识别清单

序号	风险描述	风险识别				
		项目阶段	风险类别	风险原因	可控性	风险影响

7.5 风险定性分析

风险定性分析是指对已识别风险的影响和可能性大小的评估过程。此项过程按风险对项目目标潜在影响的轻重缓急进行排序。

7.5.1 风险定性分析的依据

风险定性分析的依据如图7-3所示。

依据一	风险管理计划
依据二	已识别风险。风险识别过程中发现的风险连同其对项目的潜在影响同时进行评价
依据三	项目状态。风险的不确定性往往取决于项目在其生命周期内的进展，在项目早期，许多风险尚未显现出来，项目设计尚欠成熟，变更时有发生，因而有可能出现更多风险
依据四	项目类型。常见或反复性的项目对风险事件发生概率及其后果往往理解比较透彻，而采用最新技术或首次采用技术的项目或者极其复杂的项目，其不确定性则要大得多
依据五	数据精确度。精确度描述对风险了解与理解的程度，它度量数据的可获取程度，以及数据的可靠性，用来识别风险的数据来源必须进行评估
依据六	概率与影响的标度
依据七	假设。在风险识别进程中确定的假设要作为潜在风险进行评估

图 7-3　风险定性分析的依据

7.5.2 风险定性分析的工具与技术

风险定性分析要求采用公认的定性分析方法与工具对风险的概率与后果进行评估。重复进行定性分析所得的结果趋势有可能显示是否有必要增加或者减少采取的风险管理行动。采用这些工具有助于纠正项目计划中时常出现的偏颇。在项目生命期内，风险定性分析应进行修订，以及时反映项目风险方面的变化。风险定性分析的工具与技术有图7-4所示几种。

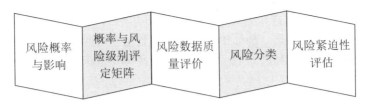

图 7-4 风险定性分析的工具与技术

（1）风险概率与影响。风险概率分析指调查每项具体风险发生的可能性。风险影响评估旨在分析风险对项目目标（如时间、费用、范围或质量）的潜在影响，既包括消极影响或威胁，也包括积极影响或机会。可通过挑选对风险类别熟悉的人员，采用召开会议或进行访谈等方式对风险进行评估。其中，包括项目团队成员和项目外部的专业人士。组织的历史数据库中关于风险方面的信息可能寥寥无几，此时，需要专家做出判断。由于参与者可能不具有风险评估方面的任何经验，因此需要由经验丰富的主持人引导讨论。

在访谈或会议期间，对每项风险的概率级别及其对每项目标的影响进行评估。其中，也需要记载相关的说明信息，包括确定概率和影响级别所依赖的假设条件等。根据风险管理计划中给定的定义，确定风险概率和影响的等级。有时，风险概率和影响明显很低，此种情况下，不会对之进行等级排序，而是作为待观察项目列入清单中，供将来进一步监测。

（2）概率与风险级别评定矩阵。可以将概率与影响的标度结合起来，以此为依据建立一个对风险或风险情况评定等级（极低、低、中、高、极高）的矩阵（如表 7-7 所示）。高概率与高影响风险可能需要作进一步分析，包括量化以及积极的风险管理。进行风险级别评定时，每项风险要有自己的矩阵与风险标度。风险的概率标度的取值范围自然在 0.0（概率为 0，无可能性）与 1.0（概率百分之百，确定无疑）之间取值。

表 7-7 项目风险定性评级表

风险评级	失败概率	说明
极高	0.81 ～ 0.99	超过目前水平，极有可能出现技术问题
很高	0.61 ～ 0.80	超过目前水平，很有可能出现技术问题
高	0.50 ～ 0.60	最新技术，但未充分检验，有可能出现技术问题
一般	0.25 ～ 0.49	最好的技术，不会出现大的技术问题
低	0.10 ～ 0.24	实用技术，不会出现技术问题
很低	0.01 ～ 0.09	正在使用的技术

（3）风险数据质量评价。要使定性风险分析可靠，就需要准确和无偏的数据。风险数据质量分析是一种评价有关风险的数据对风险管理有用的程度的一种技术。它包括检查人们对风险的了解程度，以及风险数据的精确性、质量、可靠性和完整性。

使用准确性低的数据得出的定性风险分析结果对项目毫无用处。如果对数据的质量不满意，可能有必要搜集质量更好的数据。搜集风险信息往往有困难，并且消耗原定计划不包括的时间和资源。

（4）风险分类。可按照风险来源（使用风险分解矩阵）、受影响的项目区域（使用工作分解结构）或其他分类标准（例如项目阶段）对项目风险进行分类，以确定受不确定性影响最大的项目区域。根据共同的根本原因对风险进行分类，有助于制定有效的风险应对措施。

（5）风险紧迫性评估。可以把近期需要采取应对措施的风险可被视为更迫切的风险。显示风险优先权的指标可以包括采取一种风险应对措施的时间、风险征兆、预警信号和风险等级。

7.5.3　风险定性分析的结果

风险定性分析的结果如图7-5所示。

结果一 　对项目风险进行综合评级

通过比较风险得分，风险评级可表示一个项目相对于其他项目的综合风险等级。据此可以按不同的风险等级来分配人力与其他资源，对项目进行效益与成本分析，或者以此来建议启动、继续或者终止某项项目

结果二 　按轻重缓急排序制作风险清单

风险与状况可按若干项标准区分轻重缓急，包括风险等级（高、中、低），与在工作分解结构中的层次。风险还可分成应要求立即采取应对措施的和可以留待日后处理的两大类。影响成本、进度、功能和质量的风险还可采用不同的级别审定标准加以审定。重大的风险应附有关于概率与影响评估依据的说明

结果三 　形成需要再分析与管理的风险清单

划为高风险或中等风险的风险作为进一步风险定量分析以及采取风险管理行动的主要对象

结果四 > **找出风险定性分析结果的趋势**

> 在分析重复进行时，分析结果可能出现某种明显趋势，从而采取应
> 对措施，或者进一步分析，变得比较紧迫或者比较重要

图 7-5　风险定性分析的结果

7.6　风险定量分析

定量风险分析是项目经理或项目工作人员通过一些数学方法和统计工具所进行的项目风险分析。其目的是对每项风险的发生概率及其对项目目标的影响，以及项目整体风险的程度进行数值分析。定量风险分析一般应当在确定风险应对计划时再次进行，以确定项目总风险是否已经减少到满意程度。

7.6.1　风险定量分析的依据

风险定量分析的依据如图7-6所示。

依据一 > 风险管理计划

依据二 > 已识别风险

依据三 > 按轻重缓急排序的风险清单

依据四 > 需要再分析与管理的风险清单

依据五 > 历史资料。指以往已完成的相似项目的资料、风险专家对相似项目的研究结果，以及可从行业或厂商自身得到的风险数据库

依据六 > 专家判断。风险定量分析的投入可以来自项目管理组、组织内其他课题专家，以及组织以外的其他人。其他信息来源还包括工程专家、统计专家

依据七 > 其他规划产出。最有用的规划产出包括确定进度时所使用的项目内在逻辑和工期估算、工作分解结构所列出的所有成本要素清单连同成本估算，以及项目技术目标的范例

图 7-6　风险定量分析的依据

7.6.2　风险定量分析的工具和技术

风险定量分析的工具和技术如表7-8所示。

表 7-8　风险定量分析的工具和技术

序号	方法	使用说明
1	面谈	面谈通常是定量分析的第一步，用于收集项目干系人对项目风险概率和影响程度的估计，包括乐观、悲观的各种估计，得到一个取值范围，并利用概率进行分析
2	敏感度分析	是量化及评估各风险对项目目标潜在影响的方法，有助于判定哪种风险最有可能对项目产生影响。
3	概率分布	概率分布表明了每一可能事件及其发生的概率。由于诸事件的互斥性，这些概率的和为1。项目经理可以使用历史数据（资料）或理论概率分布来建立实际概率分布
4	决策树分析	决策分析通常按决策树的形式进行。决策树是对所考虑的决策以及采用这种或者那种其他现有方案可能产生的后果进行描述的一种图解方法。它综合了风险的概率、每条事件逻辑路径的成本或者收益，以及应采取的未来决策。决策树的求解表明，当所有的不确定后果、成本、收益，与随后的决策全部量化之后，哪一项决策能为决策者带来最大的期望值
5	专家打分法	专家根据自身的专业素质以及丰富的实践经验，依照项目的具体情况做出的合理判断。可以将主观概率看成客观概率的近似值
6	模拟	项目模拟用一个模型将详细规定的各项不确定性换算为它们对整个项目层次上的目标所产生的潜在影响。项目模拟一般用蒙托卡罗技术进行

7.6.3　风险定量分析的结果

进行风险定量分析应达成图7-7所示结果。

结果一　**按轻重缓急排序的量化风险清单**

此项风险清单包括对项目造成最大威胁或为项目提供最大机会的风险，以及对其影响的量度

结果二　**项目的概率分析**

项目潜在进度与成本结果的预报，并列出可能的竣工日期或项目工期与成本及其可信度

结果三 　 **实现成本和时间目标的概率**

> 采用目前的计划以及目前对项目所面临的风险的了解，可用风险定量分析方法估算出实现项目目标的概率

结果四 　 **风险定量分析结果的趋势**

> 在分析重复进行过程中，结果的趋势可能会变得显而易见

图 7-7 　 风险定量分析的结果

7.7 项目风险应对规划

制订风险应对计划、制订措施和方法增加对项目有利的机会、减少风险对项目的威胁，包括措施的制订和责任人的安排，所制订的风险应对计划应与风险的严重程度相适应，经济有效，及时、可操作。经各方一致同意，并落实责任。

7.7.1 风险应对规划的依据

（1）风险管理计划。

（2）按轻重缓急排序的风险清单。

（3）项目风险评级。

（4）按轻重缓急排序的量化风险清单。

（5）项目的概率分析。

（6）实现成本与时间目标的概率。

（7）潜在应对措施清单。在风险识别过程中，可能会发现对个别风险或风险范畴应采取的应对措施。

（8）风险临界值。

（9）风险负责人。一份能作为风险应对负责人采取行动的项目利害关系者名单。风险负责人应当参与风险应对计划的制订。

（10）风险共同原因。若干种风险可能是某种共同原因所造成的。这时一种通用的应对措施就可能同时减轻多项项目风险的可能性。

（11）风险定性与定量分析结果的趋势。

7.7.2 风险应对策略

有若干种风险应对策略可供采用。项目经理应该为每项风险选择最有可能产

生效果的策略。然后，应制订具体行动去实施该策略。

（1）风险应对策略的种类。风险应对策略如表7-9所示。

表7-9　风险应对策略

序号	应对策略	说明
1	风险规避	风险规避是改变项目计划来消除特定风险事件的威胁。通常情况下项目经理可以采用多种方法来规避风险。以软件项目开发为例： （1）对于项目管理过程中存在的技术风险，我们可以采用成熟的技术，团队成员熟悉的技术或迭代式的开发过程等方法来规避风险 （2）对于项目管理风险可以采用成熟的项目管理办法和策略来规避不成熟的项目管理带来的风险 （3）对于进度风险可以采用增量式的开发来规避项目或产品延迟上市的风险 （4）对于项目需求不确定的风险可以采用原型法来规避风险
2	风险转移	风险转移时转移风险的后果给第三方，通过合同的约定，由保证策略或者供应商担保。例如，软件项目通常采用外包的形式来转移软件开发的风险，例如发包方面对一个完全陌生领域的项目可以采用外包来完成，发包方必须有明确的合同约定来保证承包方对软件的质量、进度以及维护得保证，否则风险转移很难取得成功
3	风险减轻	风险减轻是减少不利风险事件的后果和可能性到一个可以接受的范围。通常在项目的早期采取风险减轻策略可以收到更好的效果。例如：软件开发过程中人员流失对软件项目的影响非常严重，项目经理可以通过完善工作，配备后备人员等方法来减轻人员流失带来的影响
4	风险接受	风险接受就是制订一个风险的应急计划，一旦风险发生，就可以实施风险应急计划
5	风险缓解	它通过事先控制或应急方案使风险不发生，或一旦发生后使损失额最小或尽量挽回损失。缓解风险的方法主要有三种：预控方案、应急方案、挽救方案
6	风险回避	采取回避策略，最好在项目活动尚未实施时进行，放弃或改变正在进行的项目，一般都要付出高昂的代价。一般来说，回避风险是一种消极的手段
7	风险自留	这是一种财务对策，即由项目自身承担风险。这种承担方式以自身的风险自留基金来保障。风险自留是与保险等相对立的方式
8	后备措施	一旦项目实际进展情况与计划不同，就可采取后备措施。主要有费用、进度和技术三种后备措施

（2）风险应对策略的选择。根据不同条件，不同的环境或者不同的问题可以选择不同的对策。在风险应对措施中，风险发生概率有高有低，后果损失有大有小。概率高低以及后果损失大小，组成了一个四维空间，如表7-10所示。

表 7-10　不同情况的风险应对策略

序号	情况	应对策略
1	概率发生率高，后果损失较小	可以采用化解风险的措施。如果风险发生概率比较高，后果损失也较大，可以采用回避风险策略。就是设法把工作通过保险、外包或其他方式转移出去
2	风险发生概率比较高，后果损失也较大	可以采用回避风险策略。就是设法把工作通过保险、外包或其他方式转移出去
3	概率发生率高，后果损失大	设法将风险转移
4	概率发生率比较低，后果也较小	这种风险适合自己承担。因为它本身不会对目标产生太大影响

应对措施如图7-8所示。

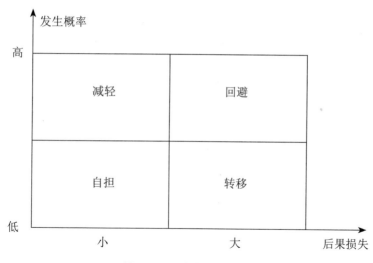

图 7-8　风险应对策略图

特别提醒

　　当然，风险应对策略并不是一个绝对的概念。风险和收益往往存在着对应关系，风险大，通常会带来较高的收益，如果一味地去回避高风险，有可能也就放弃了获得高收益的机会。具体采用什么样的风险应对策略，要根据项目所在的环境和不同的目标要求与项目干系人对风险的承受度决定。

7.7.3 风险应对规划的结果

（1）风险应对计划（也叫风险登记册）的内容应尽量详细，根据其描述就能采取具体的应对行动，如表7-11所示。

表 7-11 项目风险应对计划表

项目名称					项目经理	
风险编号	风险名称	风险期望值	风险等级	风险战略	应对措施	风险应对负责人

制表人：　　　　　日期：　　　　　批准人：　　　　　日期：

项目风险应对计划是在风险分析工作完成之后，为规避项目风险而制订的计划性文书。项目风险应对计划因项目的不同内容也不同，但至少应当包括如下内容。

① 所有风险来源及每一来源中的风险因素的识别。

② 关键风险的识别，以及关于这些风险对于实现项目目标的影响的说明。

③ 对于已识别出的关键风险因素的评估，包括风险发生的概率及其潜在的破坏力。

④ 已经考虑过的风险规避方案及其代价。

⑤ 建议采取的风险规避策略，包括解决每一风险的实施计划。

⑥ 各单独应对计划的总体综合，以及分析过风险耦合作用可能性之后制订出的其他风险应对计划。

⑦ 项目风险形势估计、风险管理计划和风险应对计划三者综合之后的总策略。

⑧ 实施规避策略所需资源的分配，包括关于费用、时间进度和技术考虑的说明。

⑨ 风险管理的组织及其责任，以及负责实施风险规避策略的人员。

⑩ 开始实施风险管理的日期、时间安排和关键的里程碑。

⑪ 成功的标准，即何时可以认为风险已被规避，以及待使用的监视办法。

⑫ 跟踪、决策和反馈的时间。

⑬ 应急计划。应急计划就是预先计划好的，一旦风险事件发生就付诸实施的行动步骤和应急措施。

⑭ 对应急行动和应急措施提出的要求。

⑮ 项目执行组织高层领导对风险应对计划的认同和签字。

（2）残留风险清单。残留风险是指采取了回避、转嫁或减轻等项对策之后依然存在的风险。它们也包括已被接受并处置过的小风险，例如在所允许的成本或者时间中增加应急储备量。

（3）次生风险清单。由于实施某风险应对措施而直接产生的风险称为次生风险。应当识别此类风险并规划应对措施。

（4）合同协议。合同协议规定在具体风险一旦发生时，各方所应承担的责任，并可签订关于保险、服务以及其他适当项目的合同协议，以回避或者减轻威胁。

（5）所需的应急储备量。项目的概率分析和风险临界值可帮助项目经理确定为把项目目标超标风险降低到组织可接受水平所需的缓冲量或者应急储备量。

（6）向其他过程的投入。风险的大部分应对措施都需要付出额外的时间、成本或者资源，并需要改变项目计划、组织要求保证。

（7）向修正项目计划的投入。项目经理应将规划过程的结果反映到项目计划中去，以保证商定的行动作为当前项目的组成部分加以实施与监测。

7.8　项目风险监控

在项目的整个生命周期内，项目经理应监视残余风险，识别新的风险，执行风险应对计划，以及评价这些工作的有效性。风险监测与控制过程进行得好，可以提供有助于在风险发生之前制定有效决策的信息。项目经理需要与所有项目利害关系者沟通，以定期评估项目风险水平的可接受性。

7.8.1　项目风险监控的依据

（1）风险登记册：包括已识别的风险、风险责任人、商定的风险应对措施、具体的实施行动、风险征兆和预警信号、残余风险和次生风险、低优先级风险观察清单，以及时间和成本应急储备。

（2）项目管理计划。

（3）工作绩效信息。

（4）绩效报告。

7.8.2　项目风险监控的方法

监控风险过程需要采用诸如偏差和趋势分析的各种方法（如表7-12所示）。这些方法需要以项目实施中生成的绩效信息为基础。

表 7-12　项目风险监控的方法

序号	方法	操作说明
1	风险再评估	项目经理应安排定期进行项目风险再评估。项目团队状态审查会的议程中应包括项目风险管理的内容。重复的内容和详细程度取决于项目相对于目标的进展情况。例如，如果出现了风险登记单未预期的风险或"观察清单"未包括的风险，或其对目标的影响与预期的影响不同，规划的应对措施可能将无济于事，则此时需要进行额外的风险应对规划以对风险进行控制
2	风险审计	风险审计在于检查并记录风险应对策略处理已识别风险及其根源的效力以及风险管理过程的效力
3	变差和趋势分析	应通过绩效信息对项目实施趋势进行审查。可通过实现价值分析和项目变差和趋势分析的其他分析方法，对项目总体绩效进行监控。分析的结果可以揭示项目完成时在成本与进度目标方面的潜在偏离。与基准计划的偏差可能表明威胁或机会的潜在影响
4	技术绩效衡量	技术绩效衡量是将项目执行期间的技术成果与项目计划中的技术成果进度进行比较。如出现偏差，例如在某里程碑处未实现计划规定的功能，有可能意味着项目范围的实现存在风险
5	储备金分析	在项目实施过程中可能会发生一些对预算或进度应急储备金造成积极或消极影响的风险。储备金分析是指在项目的任何时点将剩余的储备金金额与剩余风险量进行比较，以确定剩余的储备金是否仍旧充足
6	状态审查会	项目风险管理可以是定期召开的项目状态审查会的一项议程。该议程项目所占用的会议时间可长可短，这取决于已识别的风险、风险优先度以及应对的难易程度。风险管理开展得越频繁，"状态审查会"方法的实施就越加容易。经常就风险进行讨论，可促使有关风险（特别是威胁）的讨论更加容易、更加准确

7.8.3　项目风险监控的步骤

首先，判断风险（广义上的风险）是否已经发生。如果风险没有发生，则遵循风险管理的过程：识别新风险→实施风险定性分析→实施风险定量分析→规划风险应对→控制风险等一系列过程。如果已经发生则遵循下述步骤：

（1）针对已识别的风险。做风险应对计划并执行风险应对计划，如采取了积极的接受，则执行应急计划或风险储备。以上措施如不能达到预期效果，则执行额外的风险应对规划。

针对已识别的风险，首先要查阅风险登记册中是否有的相应应对策略。若有相应的应对策略则遵循：提出变更申请→查阅问题解决权限→获得解决方案的批准→执行解决方案→跟踪解决过程→更新风险登记册等一系列过程；若没有相应的应对策略则遵循：提出变更申请→分析风险对项目范围、进度、成本、质量等诸方面的影响→给出问题的解决方案→查阅问题解决权限→获得解决方案的批准→执行解决方案→跟踪解决过程→更新风险登记册等一系列过程。

（2）针对新风险。当前风险已发生负面影响，则采取权变措施；如风险尚未发生，则更新识别、分析、应对规划。具体步骤如图7-9所示。

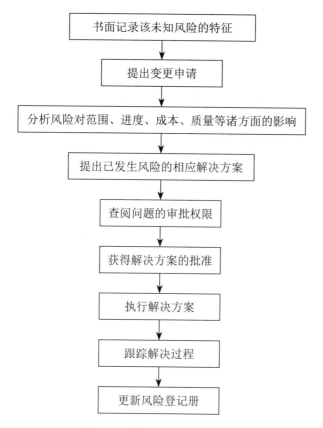

图 7-9　未知风险的应对步骤

7.8.4　风险监测与控制的结果

风险监测与控制的结果如图7-10所示。

制定随机应变措施 —— 随机应变措施是指对未曾识别或未曾接受的风险采取未经计划的应对措施。这些措施应恰当地记载并纳入项目计划和风险应对计划中去

 采取纠正行动 —— 纠正行动指实施应变计划或权变措施

发出项目变更请求 —— 实施应变计划或权变措施的结果，往往是要求变更项目计划，以便应对风险。其结果是发出变更请求

 更新风险应对计划 —— 风险可能发生，也可能不发生。当风险确实发生时，应当形成文字记载并进行评估。实施风险控制可减少已识别风险的影响或发生概率。风险级别应重新评估，以便恰当地控制新的重大风险。未曾发生的风险应当记录在案，并在风险应对计划中加以注销

 建立风险数据库 —— 风险数据库是汇集、维护与分析风险管理过程中搜集与使用数据的存储设施。利用此项数据库可协助整个组织的风险管理，并随着时间的推移逐渐形成一个关于风险管理经验的资料库

 更新风险识别核对表 —— 根据经验更新的核对表有助于未来项目的风险管理

图 7-10 项目风险监控的结果

第8章

项目成本控制

章前概述

　　项目成本管理是在整个项目的实施过程中，为确保项目在以批准的成本预算内尽可能好地完成而对所需的各个过程进行管理。其目的是要确保在批准的预算内完成项目，具体项目要依靠制定项目资源计划、成本估算、成本预算、成本控制四个过程来完成。

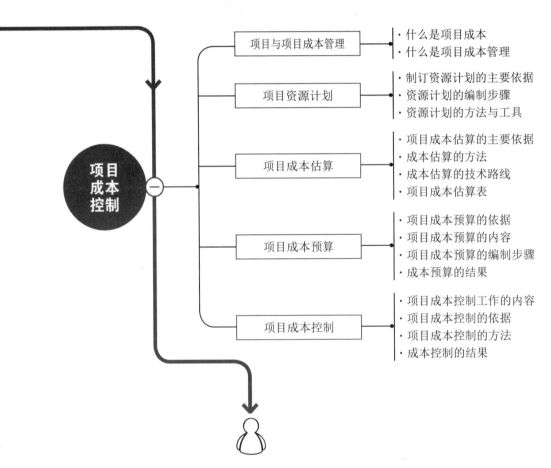

轻松学项目管理全流程之项目成本控制

8.1 项目与项目成本管理

8.1.1 什么是项目成本

项目成本是指项目形成全过程所耗用的各种费用的总和，是项目从启动、计划、实施、控制，到项目收尾交付的整个过程中所有的耗费。项目成本包括项目生命周期每一阶段的资源耗费，其基本要素有人工费、材料费、设备费、咨询费及其他费用等。项目成本的影响因素有项目的范围、质量、工期、资源数量及其价格、项目管理水平等。

8.1.2 什么是项目成本管理

项目成本管理是指为保障项目实际发生的成本不超过项目预算，确保项目在批准的预算内按时、按质、经济高效地完成既定目标而开展的一种项目管理过程。

项目成本管理由一些过程组成，要在预算下完成项目这些过程是必不可少的，具体如图8-1所示。

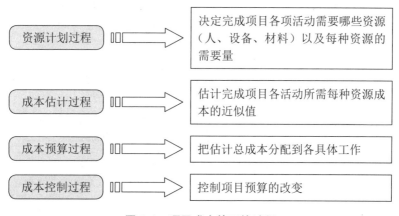

图 8-1 项目成本管理的过程

以上四个过程相互影响、相互作用，有时也与外界的过程发生交互影响，根据项目的具体情况，每一过程由一人或数人或小组完成，在项目的每个阶段，上述过程至少出现一次。

以上过程是分开陈述且有明确界线的，实际上这些过程可能是重复的，相互作用的。

8.2 项目资源计划

项目资源计划是确定为完成项目各活动需要什么资源（包括人力、设备、材料、资金等）和这些资源的投入数量和投入时间，从而制订出项目资源供应计划的项目成本管理活动。

8.2.1 制订资源计划的主要依据

制订资源计划的主要依据如图8-2所示。

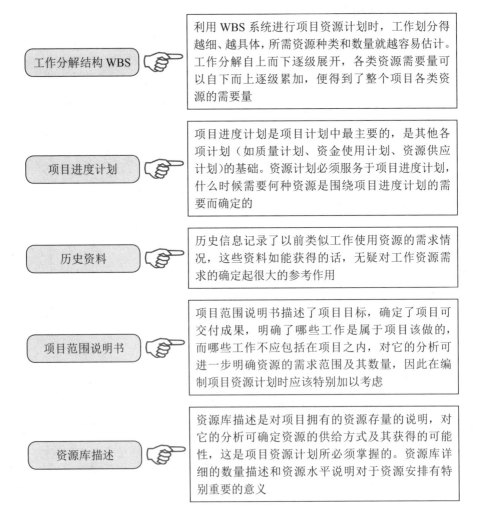

利用 WBS 系统进行项目资源计划时，工作划分得越细、越具体，所需资源种类和数量就越容易估计。工作分解自上而下逐级展开，各类资源需要量可以自下而上逐级累加，便得到了整个项目各类资源的需要量

项目进度计划是项目计划中最主要的，是其他各项计划（如质量计划、资金使用计划、资源供应计划)的基础。资源计划必须服务于项目进度计划，什么时候需要何种资源是围绕项目进度计划的需要而确定的

历史信息记录了以前类似工作使用资源的需求情况，这些资料如能获得的话，无疑对工作资源需求的确定起很大的参考作用

项目范围说明书描述了项目目标，确定了项目可交付成果，明确了哪些工作是属于项目该做的，而哪些工作不应包括在项目之内，对它的分析可进一步明确资源的需求范围及其数量，因此在编制项目资源计划时应该特别加以考虑

资源库描述是对项目拥有的资源存量的说明，对它的分析可确定资源的供给方式及其获得的可能性，这是项目资源计划所必须掌握的。资源库详细的数量描述和资源水平说明对于资源安排有特别重要的意义

项目实施组织的组织方针体现了项目高层在资源使用方面的策略，可以影响到人员招聘、物资和设备的租赁或采购，对如何使用资源起到重要作用。因此在资源计划的过程中还必须考虑项目的组织方针，在保证资源计划科学合理的基础上，尽量满足项目组织方针的要求

图 8-2　制订资源计划的主要依据

8.2.2　资源计划的编制步骤

资源计划的编制步骤如图 8-3 所示。

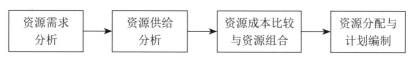

图 8-3　资源计划的编制步骤

（1）资源需求分析。通过分析确定工作分解结构中每一项任务所需的资源数量、质量及其种类。

表 8-1　资源需求分析表

WBS 结果	资源需求（量）				备注
	资源 1	资源 2	……	资源 n	
工作包 1					
工作包 2					
工作包 3					
……					
工作包 n					

确定了资源需求的种类后，根据有关项目领域中的消耗定额或经验数据，确定资源需求量。在工程项目领域内，一般可按照以下步骤确定资源数量。

① 工作量计算。

② 确定实施方案。

③ 估计人员需求量。

④ 估计材料需求量。

⑤ 估计设备需求量。

⑥ 确定资源使用时间。

（2）资源供给分析。资源供给的方式多种多样，可以从项目组织内部解决，也可以从项目组织外部获得。资源供给分析要分析资源的可获得性、获得的难易程度以及获得的渠道和方式，可分别从内部、外部资源进行分析。

（3）资源成本比较与资源组合。确定需要哪些资源和如何可以得到这些资源后，就要比较这些资源的使用成本，从而确定资源的组合模式（即各种资源所占比例与组合方式）。完成同样的工作，不同的资源组合模式，其成本有时会有较大的差异。要根据实际情况，考虑成本、进度等目标要求，以确定适合的资源组合方式。

（4）资源分配与计划编制。资源分配既要保证各个任务得到适合的资源，又要努力实现资源总量最少、使用平衡。在合理分配资源，而且所有资源也得到充分利用的基础上，编制项目资源计划，如表8-2所示。

表 8-2　任务资源分配与计划

任务代码：　　　　　　　　　　　　任务名称：
负责单位：　　　　　　　　　　　　负责人：

资源代码	资源名称	计量单位	单位成本	数量	计划成本	日期

填报日期：　　　　　　　　　　　　填报人：

8.2.3　资源计划的方法与工具

（1）专家判法。项目经理可以邀请专家来对资源计划进行评估。这类专家应具有专业知识和受过专门训练。

（2）头脑风暴法。头脑风暴法是在解决问题时常用的一种方法，具体来说就是团队的全体成员自发地提出主张和想法，产生热情的、富有创造性的更好的方案。

（3）资源计划的工具。常用的项目资源计划的工具包括：资源矩阵、资源甘特图、资源负荷图、资源累计需求曲线等。

① 资源矩阵：即以表格的形式列示项目的任务、进度及其需要的资源的品种、数量以及各项资源的重要程度等内容，如表8-3所示。

表 8-3 项目资源矩阵

任务编号	任务名称	责任人	所需资源	规格、型号	来源	价格
1000	机器人	李××				
1100	整体设计	马××				
1110	系统工程	王××	电脑			
1120	专业测试	王××	软件			
1200	电子技术	张××				
1210	设备控制	张××	仪器仪表			
1220	软件安装	朱××	软件			
1300	机器人制造	吴××				
1310	制造工艺	吴××				
1311	工艺设计	赵××	电脑			
1312	构件加工	魏××	车床			
1313	构件组装	何××	机床			
1320	生产控制	杨××	控制系统软件			

② 资源甘特图：就是利用甘特图技术对项目资源的需求进行表达，如表 8-4 所示。

表 8-4 资源甘特图（人力资源）

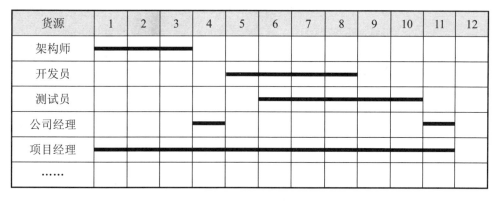

③ 资源负荷图：一般以条形图的方式反映项目进度及其资源需求情况，如图 8-4 所示。

④ 资源累计需求曲线：以线条的方式反映项目进度及其资源需求情况，即反映项目不同时间资源需求量的资源需求曲线，如图 8-5 所示。

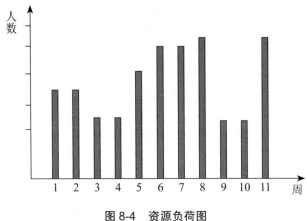

图 8-4　资源负荷图

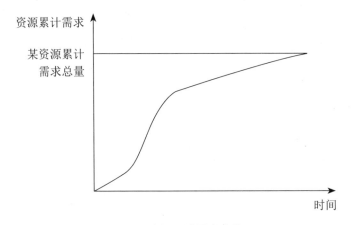

图 8-5　资源累计需求曲线

8.3　项目成本估算

要实行成本控制，必须先估算费用。项目成本估算是根据项目资源计划以及各种资源的价格信息，对完成项目所需要的费用进行估计和计划，是项目计划中的一个重要组成部分。

8.3.1　项目成本估算的主要依据

项目成本估算的主要依据有以下几点。

（1）项目范围说明书。

（2）工作分解结构WBS。结构图可用于成本估计以及确保所有工作均被估计了成本。

（3）资源需求计划。

（4）资源单位价格。进行成本估计的个人和小组必须知道每种资源的单价（例如：每小时人员费用，单位体积材料价格）以计算项目成本。如果实际单价不知道，那么必须要估价。

（5）活动时间估计。活动时间估计会影响项目成本估计，项目预算中包括财务费用（如由利息引起的财务费用）等费用都与活动时间有关。

（6）历史信息。同类项目的历史资料始终是项目执行过程中可以参考的最有价值的资料，包括项目文件、共用的费用估算数据及项目工作组的知识等。

（7）会计科目表。会计科目表是一个组织机构在总账系统中使用的用于报告该组织财务状况的一套代码。在项目成本估计中，应把不同成本对应到不同科目上。

除此之外，与项目有关的由部门、行业或国家颁布的一些定额（如基建概算、预算定额）和收费标准也可作为成本估算的参考依据。

8.3.2　成本估算的方法

在完成了编制各项资源计划后，项目经理就可以根据这些计划来编制项目成本预算了。项目成本估算最常用的方法如下所示。

（1）根据经验估算。经验估算法，由资深的专业人士依据经验或历史数据库资料，对项目的总体预算或子项目预算作粗略估计。这种项目预算的数据只是一个参考值，在项目初期用于参考判断是可以的，不能满足项目执行的要求。

（2）类比估算法。类比估算法是根据同类项目的实际支出来估算本项目的预算。同类项目可以是历史上的项目实际案例，也可以正在执行的项目，只要能提供参考。

类比估算项目要考虑到项目的差异，如果选用历史项目要考虑到历史项目与现在项目的变化要素。类比估算法也是粗略计算，是不能满足项目成本执行要求的。

（3）结构分解法。成本结构分解法既是一种思路，也是一种具体的方法。成本结构分解法跟工作分解结构WBS一致，只是从成本的维度进行自上而下的分解，也就是把成本按模块展开，然后再进行汇总。

（4）参数估算法。参数估算法是根据事物本身的数据进行换算的一种方法。比如说我们根据房子的面积及装修的档次来估算装修的费用，根据模具的尺寸及模具单价来估算模具的价格。参数估算出的项目成本基本上是比较靠谱的数据，也是常用的方法之一。

8.3.3 成本估算的技术路线

在项目进展的不同阶段，项目的工作分解结构的层次可以不同，根据项目成本估算单元在WBS中的层次关系，可将成本估算分为三种：自下而上的估算、自上而下的估算、自上而下和自下而上相结合的估算。

（1）自下而上的估算。自下而上估算法是指基于分解的WBS，对每个工作包所需要的资源（材料与时间）进行估算，然后自下而上地汇总，加上适当的间接费用（如管理费、不可预见费，通常称为"备用金"）。

（2）自上而下的估算。先由上层管理者根据经验历史数据、专家判断、类比等方法对项目总体费用及子项目费用的整体估计，这个估计的结果给予下层的人员再进行任务及子任务级的费用估计，一步一步向下传递，直到底层的角色与任务。

两种估算路线如图8-6所示。

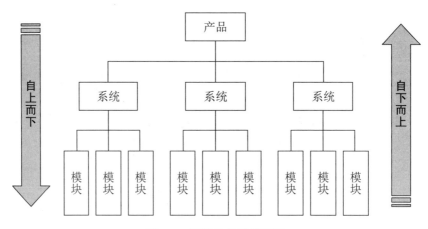

图 8-6　两种估算路线图示

（3）自上而下和自下而上相结合的成本估算。采用自上而下的估算路线简便，但估算精度较差；采用自下而上的估算路线，所得结果更为精确，并且项目所涉及活动资源的数量更清楚，但估算工作量大。为此，可将两者结合起来，以取长补短。即采用自上而下与自下而上相结合的方法进行成本估算。

自上而下和自下而上相结合的成本估算针对项目的某一个或几个重要的子项目进行详细具体的分解，从该子项目的最低分解层次开始估算费用，并自下而上汇总，直至得到该子项目的成本估算值；之后，以该子项目的估算值为依据，估算与其同层次的其他子项目的费用；最后，汇总各子项目的费用，得到项目总的成本估算。

8.3.4　项目成本估算表

项目成本估算的基本结果有以下几个方面。

（1）项目的成本估算表。该表格主要描述完成项目所需的各种资源的成本，其结果通常用劳动工时、工日、材料消耗量等表示。

【范本】▸▸

软件系统项目成本估算表

一、项目信息

提供关于项目名称、客户名称、项目经理以及项目发起人姓名等方面的一般信息。

项目名称：企业人力资源管理系统

客户名称：中小型企业

项目经理：王××

文件起草人：王××　　周××　　吕××

项目发起人：代××

日期：2021/12/10

二、项目成本估算

	活动名称	需要的人力资源	需要的时间	单位时间的工资标准	小计
人工成本	对现有的部分中小型企业的人事软件进行市场调研	项目经理，小组调查人员10人	3天	项目经理××元/天，调查人员××元/天	××元
	对调查数据进行分析	项目经理，设计员5人	2天	项目经理××元/天，设计员××元/天	××元
	调查数据归总	项目经理，设计员5人	2天	项目经理××元/天，设计员××元/天	××元
	需求进行分析并设计出系统	项目经理，设计员5人	8天	项目经理××元/天，设计员××元/天	××元

续表

	活动名称	需要的人力资源	需要的时间	单位时间的工资标准	小计
人工成本	领导对需求分析及系统设计提出意见	项目经理	2 天	项目经理××元/天	××元
	最终的需求分析及系统设计	项目经理，设计员 5 人	5 天	项目经理××元/天，设计员××元/天	××元
	项目经理分配工作对代码及数据库进行实现	项目经理＋程序员 3 人＋数据库开发人员 3 人	20 天	项目经理××元/天，设计员××元/天，数据库开发员××元/天	××元
	测试级完善	测试人员 2 人＋程序员 3 人＋数据库开发人员 3 人	14 天	测试人员××元/天，程序员××元/天，数据库开发员××元/天	××元
	美工处理	美工人员 2 人	9 天	美工人员××元/天	××元
	最终测试及完善	测试人员 2 人＋程序员 3 人＋数据库开发人员 3 人＋美工人员 2 人	3 天	测试人员××元/天，程序员××元/天，数据库开发员××元/天，美工人员××元/天	××元
	软件交付准备	项目经理	4 天	项目经理××元/天	××元
	验收	项目经理	2 天	项目经理××元/天	××元
	系统部署	软件部署人员 2 人	2 天	部署人员××/天	××元
	项目结项	全体人员	2 天		
	软件维护	软件维护人员		××元/天	
	人工成本合计				××元
	非人力资源的分类		非人力资源的数量	单价	小计
非人工成本	材料	传单	10000 份		××元
		相关书籍	20 本	××元	××元
		网络下载所需	50 份	××元	××元
				合计	××元
	设备	电脑	18×44 次	××元	××元
		投影设备	1×44 次	××元	××元
				合计	××元
	差旅及通信费	差旅费	2×44 次	××元	××元
		电话费	18×44 次	××元	××元
		餐费	18×44 份	××元	××元
				合计	××元

续表

	非人力资源的分类		非人力资源的数量	单价	小计
非人工成本	管理费用	写字楼租赁费	4 次	×× 元	×× 元
	其他	茶水费	44×5 份	×× 元	×× 元
		加班费	10 次	×× 元	×× 元
	合计				×× 元
不可预见费用					×× 元
总计					×× 元

（2）详细说明。成本估算的详细说明应该包括：成本估算的范围描述、成本估算的实施方法、成本估算信赖的各种假设、估算结果的有效范围。

（3）请求的变更。成本估算过程可能产生影响资源计划、费用管理计划和项目管理计划的其他组成部分的变更请求，请求的变更应通过整体变更控制过程进行处理和审查。

8.4 项目成本预算

项目成本预算是在项目成本估算的基础上，更精确地估算项目总成本，并将其分摊到项目的各项具体活动和各个具体项目阶段上，为项目成本控制制订基准计划的项目成本管理活动，它又称为项目成本计划。

8.4.1 项目成本预算的依据

项目成本预算的依据如图8-7所示。

成本估算的结果——成本估算表

工作分解结构

工作分解结构确认了项目的细目，而成本要分配到这些工作中去

项目进度

项目进度包括了项目细目的计划开始日期和预计结束日期。为了将成本分配到时间区间中，进度信息是不可缺少的

图 8-7 项目成本预算的依据

8.4.2 项目成本预算的内容

项目成本预算的内容如表8-5所示。

表 8-5 项目成本预算的内容

序号	成本项目	说明
1	人力成本	人是项目管理中的首要因素，这比项目中不可或缺的设备和工具更为重要。估计这部分费用，首先要估计项目建设中所需的各类人才及其完成项目所需要的时间。估计要具体明确，这是估计劳动力费用的基础
2	分包商和顾问	当承包商或项目团队缺少某项专门技术时，可以雇用分包商或顾问来执行这些任务。项目经理也可以请管理专家和法律顾问协助项目的管理，为此都必须支付一定的费用
3	专用设备和工具	项目可能需要一些专用的仪器、设备和工具，如果这些专用器具并不常用，而项目又需要，承包商就可以决定租用这些器具
4	原材料	为了项目的需要，项目团队会购买各种原材料。根据项目类型的不同，这部分在总费用中所占的比重会有很大的差异
5	预备费	承包商或项目团队应准备一定量的预备费，这部分费用主要在费用估算时发生的遗漏、项目期间物价上涨造成的费用增加，以及项目发生意外时使用

8.4.3 项目成本预算的编制步骤

项目成本预算的编制步骤如图8-8所示。

第一步 将项目总成本分摊到项目工作分解结构的各个工作包。分解按照自顶向下，根据占用资源数量多少而设置不同的分解权重

第二步 将各个工作包成本再分配到该工作包所包含的各项活动上

第三步 确定各项成本预算支出的时间计划及项目成本预算计划。主要根据资源投入时间段形成成本预算计划

第四步 最后确定各项成本预算支出的时间计划及项目成本预算计划分析成本估算结果，找出可以相互替代的成本，协调各种成本之间的比例关系

图 8-8 项目成本预算的编制步骤

8.4.4 成本预算的结果

项目成本预算的主要结果是获得基准预算，具体体现在以下几个方面。

（1）基准预算。项目基准预算又称费用基准，它以时段估算成本进一步精确、细化编制而成，通常以S曲线的形式表示，是按时间分段的项目成本预算，是项目管理计划的重要组成部分。许多项目，特别是大项目，可能有多个费用基准或资源基准或消耗品生产基准，来度量项目绩效的不同方面。

成本基准计划对项目成本按时间进行分解，并在此基础上编制项目成本基准计划，如表8-6所示。

表 8-6　项目成本基准计划

项目名称：　　　　　　　　　　　　　填表日期：

项目阶段	耗用资源	费用预算明细	费用控制基准	费用控制负责人	备注
项目计划与准备	办理项目手续				
	项目市场调研				
	组建项目团队				
项目设计	准备项目资料				
	项目设计人员费				
	项目设计外协费				
项目实施	项目材料费				
	项目人工费				
	项目设备租赁费				
	项目加工费				
项目验收	验收费				
	测试费				
	整改费				

（2）成本预算表和成本预算单。项目经理在编制项目成本预算时要填写预算单，完成成本预算。预算单上需要包括下列内容：劳动力、分包商和顾问、专用设备和工具、原材料等。

以上仅是预算单中所包括的部分内容。实际中还需要考虑更多的因素。为了防止遗漏，可以编制项目成本预算表，如表8-7所示。

表 8-7　项目成本预算表

项目名称：　　　　　　　　　　　　　　　　　填写日期：

项目		时间		数量 （单位）	预计费用
		开始	结束		
人员	（1）项目组成员				
	（2）承包商				
	（3）咨询商或顾问				
	……				
原材料	（1）（略）				
	（2）（略）				
	……				
租用器具	（1）（略）				
	（2）（略）				
	……				

制表人：　　　　　　　　　　　　　　　　批准人：

8.5　项目成本控制

项目成本控制是指为保障项目实际的成本不超过项目预算而进行的管理活动。作为项目成本管理的第一责任人，项目经理必须能够组织项目实施的成本管理工作，因此，应及时掌握和分析盈利状况，并迅速采取有效措施。

8.5.1　项目成本控制工作的内容

项目成本控制工作的主要内容如下。

（1）识别可能引起项目成本基准计划发生变动的因素，并对这些因素施加影响，以保证该变化朝着有利的方向发展。

（2）以工作包为单位，监督成本的实施情况，发现实际成本与预算成本之间的偏差，查出产生偏差的原因，做好实际成本的分析评估工作。

（3）对发生成本偏差的工作包实施管理，有针对性地采取纠正措施，必要时可根据实际情况对项目成本基准计划进行适当调整和修改，同时要确保所有的相关变更都准确地记录在成本基准计划中。

（4）将核准的成本变更和调整后的成本基准计划通知项目的相关人员。

（5）防止不正确的、不合适的或未授权的项目变动所发生的费用被列入项目成本预算。

（6）在进行成本控制的同时，应该与项目范围变更、进度计划变更、质量控制等紧密结合，防止因单纯控制成本而引起项目范围、进度和质量方面的问题，甚至出现无法接受的风险。

8.5.2　项目成本控制的依据

成本控制的依据如表8-8所示。

表 8-8　成本控制的依据

序号	依据	说明
1	项目成本基准	项目成本基准又称费用线，是按时间分段的项目成本预算，是度量和监控项目实施过程中项目成本费用支出的最基本的依据
2	项目执行报告	项目执行报告提供项目范围、进度、成本、质量等信息，是实施项目成本分析和控制必不可少的依据
3	项目变更申请	很少有项目能够准确地按照期望的成本预算计划执行，不可预见的各种情况要求在项目的具体实施过程中重新对项目的费用进行新的估算和修改，形成项目变更请求。只有当这些变更请求经各类变更控制程序得到妥善的处理，或增加项目预算，或减少项目预算，项目成本才能更加科学、合理，符合项目实际并使项目成本真正处于控制之中
4	项目成本管理计划	项目成本管理计划确定了当项目实际成本与计划成本发生差异时如何进行管理，是对整个成本控制过程的有序安排，是项目成本控制的有力保证

8.5.3　项目成本控制的方法

项目成本控制的方法如图8-9所示。

 即以项目的目标利润和销售价格为基础，以预先确定的消耗定额和计划期内能够实现的成本降低措施及其效果为确定因素，改变了以实际消耗为基础的传统成本控制观念，增强了成本控制的预见性、目的性和科学性

图 8-9

定额成本控制法 ☞ 它是以定额成本作为控制和分析成本的依据，通过事前制定定额成本、事中按定额成本实施控制、事后计算和分析定额差异，对成本形成过程进行全面控制，从而将成本计划、成本计算和成本控制融为一体

不定额成本控制法 使用不定额成本控制法，可及时发现各种费用的节约和超支情况，从而采取措施，有效地控制费用的发生；该方法的使用有利于在完工产品和在制产品之间，对各项费用定额差异及定额变动差异进行合理分配；提高成本的定额管理和计划管理水平

进度、成本同步控制法 该方法认为，成本控制与计划管理、成本与进度之间有着必然的同步关系，即项目到什么阶段，就应该发生相应的成本费用

偏差控制法 ☞ 即在计划成本的基础上，采用成本分析方法找出计划成本与实际成本间的偏差，并分析产生偏差的原因与变化发展趋势，进而采取措施以减少或消除偏差，实现目标成本的科学管理方法。

香蕉曲线法 ☞ 香蕉曲线法是利用各工序的最早开始时间和最迟开始时间制作的成本累计曲线。它表明了项目成本变化的安全区间，若实际发生成本的变化在两条曲线限定的范围内，就属于正常的变化，可以通过调整开始和结束的时间将成本控制在计划的范围内

成本累计曲线法 成本累计曲线法又叫时间累计成本图。它反映整个项目或项目中某个相对独立的部分开支状况。它可以从成本计划中直接导出，也可利用网络图、条形图等单独建立

图 8-9　项目成本控制的方法

8.5.4　成本控制的结果

项目成本控制的结果是实施成本控制后的项目所发生的变化，包括修正成本估算、预算更新、纠正措施和经验教训等，如表8-9所示。

表 8-9　成本控制的结果

序号	结果	说明
1	原成本估算的修正	修改原有成本数据并通知与项目有关的干系人。修改成本估算可能要求对整个项目计划进行调整
2	预算更新	预算更新是对原基准成本的更改，这些数字通常在范围改变时做修改。有时成本偏差很大需要重新制定基准成本，以便对下一步执行提供一个现实的基准成本
3	采取纠正措施	指采取措施使项目执行情况回到项目计划
4	经验教训	即记录下产生偏差的原因、采取纠正措施的理由和其他的成本控制方面教训，使之成为项目和执行组织其他项目历史数据库的一部分

第 9 章

项目团队管理

章前概述

　　由于个人的能力有限，因而在实施一个项目时，必须建立一个由多人组成的项目团队。这个项目团队是否能够和谐地进行团队协作，将决定了这个项目能否成功。

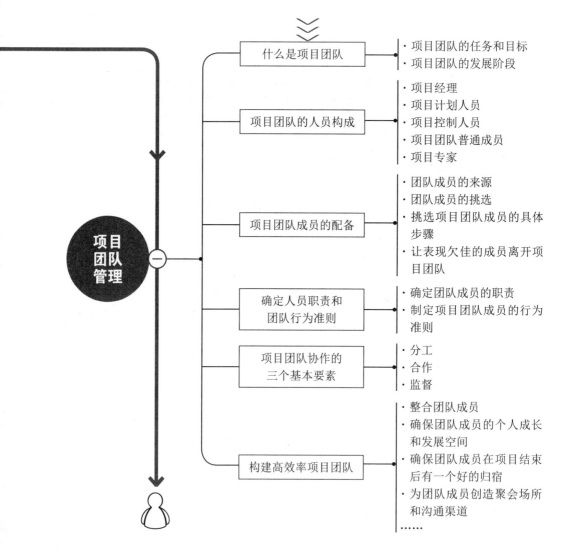

轻松学项目管理全流程之项目团队管理

9.1　什么是项目团队

项目团队，就是为了适应项目的有效实施而建立的团队。项目团队的一般职责是项目计划、组织、指挥、协调和控制。项目经理要对项目的范围、费用、时间、质量、风险、人力资源和沟通等进行多方面的管理。

项目团队不仅仅是被分配到某个项目中工作的一组人员，更是一组同心协力工作的人员，以实现项目目标、满足客户需求。要使这些人员成为一个有效协作的团队，一方面需要项目经理作出努力，另一方面也需要项目团队中每位成员积极地投入到团队中去。一个有效率的项目团队不一定能决定项目的成功，但一个效率低下的团队，则注定要使项目失败。

9.1.1　项目团队的任务和目标

项目团队的建立是为了完成项目的目标，比如当企业为了建立MES（Manufacturing Execution System，制造执行系统），成立了企业内部的MES项目小组。这个项目小组实际上就是项目团队，其基本的任务和目标是为企业设计和运行MES。由此，可以把项目团队的任务和目标看作是项目团队存在的理由，作为项目经理当然要明确目标，否则项目团队的存在便毫无意义了。

广义上讲，项目团队需要完成的任务和目标一般包括图9-1所示五个方面。

 规划与实施项目方案。面对任务或问题，所有团队都必须制订相应的计划并努力施行

 团队必须与其上级主管单位及周围环境一道来设置工作目标，激励工作行为，评估工作绩效，决定工作奖酬等

 团队需要不断提高自己的工作能力，提高队员间相互合作的技能，改善工作程序，加强各项训练，努力促进自身成熟并取得好成绩

 团队只有与外界取得协调，才能保障自身的顺利发展和项目工作的顺利进行，而且团队只有与外界取得协调，才能取得整个组织的成功

 团队不仅要完成自身分内的工作，而且有义务为更高层的决策提供信息与建议，尤其是事关公司的发展方向与资源分配等影响广泛的问题时，团队有权利也有责任参与并影响更高层的决策

图 9-1　项目团队需要完成的任务和目标

9.1.2　项目团队的发展阶段

项目团队从组建到解散，是一个不断成长和变化的过程，一般可分为五个阶段：组建阶段、磨合阶段、规范阶段、成效阶段和解散阶段。在项目团队的各阶段，其团队特征也各不相同，如图9-2所示。

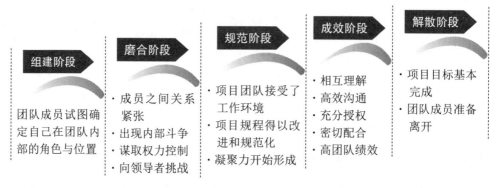

图 9-2　项目团队各阶段特征

（1）组建阶段。在这一阶段，项目组成员刚刚开始在一起工作，总体上有积极的愿望，急于开始工作，但对自己的职责及其他成员的角色都不是很了解，他们会有很多的疑问，并不断摸索以确定何种行为能够被接受。在这一阶段，项目经理需要进行团队的指导和构建工作。

项目经理应向项目组成员宣传项目目标，并为他们描绘未来的美好前景及项目成功所能带来的效益，公布项目的工作范围、质量标准、进度计划的标准和限制，使每个成员对项目目标有全面深入的了解，建立起共同的愿景。

项目经理明确每个项目团队成员的角色、主要任务和要求，帮助他们更好地理解所承担的任务，与项目团队成员共同讨论项目团队的组成、工作方式、管理方式、一些方针政策，以便取得一致意见，保证今后工作的顺利开展。

（2）磨合阶段。这是团队内激烈冲突的阶段。随着工作的开展，各方面问题会逐渐暴露。成员们可能会发现，现实与理想不一致，任务繁重而且困难重重，成本或进度限制太过紧张，工作中可能与某个成员合作不愉快。这些都会导致冲突产生、士气低落。在这一阶段，项目经理需要利用这一时机，创造一个理解和支持的环境，应做到：

①　允许成员表达不满或他们所关注的问题，接受及容忍成员的任何不满；

②　做好导向工作，努力解决问题、矛盾；

③　依靠团队成员共同解决问题，共同决策。

（3）规范阶段。在这一阶段，团队将逐渐趋于规范。团队成员经过震荡阶段逐渐冷静下来，开始表现出相互之间的理解、关心和友爱，亲密的团队关系开始形成，同时，团队开始表现出凝聚力。另外，团队成员通过一段时间的工作，开始熟悉工作程序和标准操作方法，对新制度，也开始逐步熟悉和适应，新的行为规范得到确立并为团队成员所遵守。在这一阶段，项目经理应：

① 尽量减少指导性工作，给予团队成员更多的支持和帮助；

② 在确立团队规范的同时，要鼓励成员的个性发挥；

③ 培育团队文化，注重培养成员对团队的认同感、归属感，努力营造出相互协作、互相帮助、互相关爱、努力奉献的精神氛围。

（4）成效阶段。在这一阶段，团队的结构完全功能化并得到认可，内部致力于从相互了解和理解到共同完成当前工作上。团队成员一方面积极工作，为实现项目目标而努力；另一方面成员之间能够开放、坦诚及时地进行沟通，互相帮助，共同解决工作中遇到的困难和问题，创造出很高的工作效率和满意度。在这种一阶段，项目经理工作的重点是：

① 授予团队成员更大的权力，尽量发挥成员的潜力；

② 帮助团队执行项目计划，集中精力了解掌握有关成本、进度、工作范围的具体完成情况，以保证项目目标得以实现；

③ 做好对团队成员的培训工作，帮助他们获得职业上的成长和发展；

④ 对团队成员的工作绩效作出客观评价，并采取适当的方式给予激励。

（5）解散阶段。在"解散"阶段，项目走向终点，团队成员也开始转向不同的方向。这个阶段的视角在于团队的福利，而不是像其他四个阶段那样在于团队成长。团队经理应确保团队有时间庆祝项目的成功，并为将来总结实践经验（或是在项目不成功的情况下，评估原因并为将来的项目总结教训）。这也让团队成员在奔赴下一个目标时有机会相互道别和祝福。任何能达到阶段四"成效"的团队，因为已经成为一个密切合作的集体，其成员都可能在今后保持联络，成员分离并各自向下一个项目进发时难免伤感。

9.2 项目团队的人员构成

通常而言，项目团队主要包括项目经理、项目主管班子、一般团队成员、项目专家等角色。有时，一个人可能承担几个角色。

9.2.1 项目经理

项目经理是项目中的领导，具有指挥项目工作、汇集所需技术、交付产品或服务的独特权力。其责任主要包括如下内容。

（1）向上级管理层汇报团队的进展，帮助管理层对团队和项目实施管理。

（2）愿意迎接新角色的挑战，并努力扮演好新的角色，接受培训、不断学习，增强自己扮演新角色的信心与能力。

（3）建立部门之间的交流渠道，建立团队与外界环境的联系，为团队的发展创造良好的环境。

（4）向团队传达和贯彻公司的政策及发展战略等，向团队成员传递信息、知识和技能。

（5）教导团队成员如何管理工作和评估工作结果。

（6）提高团队成员的自我激励与自我约束能力。

（7）鼓励团队成员提出不同的看法，鼓励团队寻找更新更好的方法。

（8）帮助团队解决困难和问题，帮助团队设置对客户的目标。

（9）支持团队为达到目标而采取的行动，激励团队化的行为。

（10）在团队发生冲突时充当裁判员，有效地解决冲突。

（11）规范团队的行为，建立团队氛围，纠正行为偏差，指导形成团队文化。

（12）关心团队成员，倾听、收集、采纳团队成员的想法与建议。

9.2.2　项目计划人员

项目计划人员的工作主要是安排进度计划。项目计划要求从业人员具有计划的知识和能力，能够制订和推行连贯一致的项目计划。必须掌握有关计划的概念和原理，具有良好的沟通能力，以确保计划能够传达正确的信息。

一个合格的计划人员必须能够收集信息，汇总成报告，描述需要完成的工作和如何完成该项工作。这就包括了项目计划工作的所有要素，如工作范围陈述、风险计划、质量计划及采购计划等。

9.2.3　项目控制人员

项目控制人员，是指通过跟踪和收集信息保持项目工作的现状和进程的人员。通常，项目控制人员为项目经理或领导汇集信息。

项目控制人员收集并分析信息，以确定信息的有效性，然后将其汇编成报告。经过汇编的信息就成为有关项目进程情况的文件。

9.2.4　项目团队普通成员

普通成员是项目团队中非常重要的一环，他们的主要职责如下。

（1）帮助团队建立共同目标，并为团队目标的实现尽心尽力。

（2）帮助保持扩大团队共同努力的成果。

（3）在团队会议开始前做好准备，准时参加团队会议，并积极参与讨论，针对团队的问题发表自己的观点，提出相应的解决办法。

（4）争取保质、保量、按时或超标完成团队分给自己的任务。

（5）与其他队员密切协作。

（6）随时向其他项目成员提供帮助。

9.2.5　项目专家

项目专家职责如下。

（1）应就团队在项目工作过程中碰到的有关专业性问题提出自己的看法与建议。

（2）解决团队碰到的难题，解决难题时既要充分运用自己的专业技能，又不能存有专业偏见，一切以提高团队整体绩效和促进团队发展为目标。

9.3　项目团队成员的配备

作为项目经理，应分析项目的技术要求，选择合适的项目成员以组建一支高效的项目团队。项目经理必须知道项目团队中应该包括哪些成员，为什么这样挑选。

9.3.1　团队成员的来源

团队成员主要从图9-3所示来源获得。

完成某一项目的大多数成员都可以从相关的职能部门中进行调配。比如项目团队的财务人员、技术人员、供应人员等，可以从公司的财务部、技术部、供应部挑选合适的人员。这些人员大都有丰富的项目经验，并且他们经常相互配合、协同作战，因此是项目团队的首选人员

人才市场 当公司无法提供项目所需的成员时，从市场上进行招聘也是一种有效的方法

外部协作方 与外部的协作方签订协议，把项目的某些工作交给他们来做。通过签订协议，支付佣金的方式，把一些专业的协作方，如咨询顾问、供应商等，纳入项目团队的管理体系

图 9-3　团队成员的来源

9.3.2　团队成员的挑选

项目经理在挑选人员的时候通常考虑的因素有以下几方面。

（1）精通技术。精通技术的人，能够有助于更好地完成岗位要求的任务。

（2）教育。在确定了一个精通技术的对象之时，还要考虑其受教育状况。某些人员可能非常精通某个技术领域，但缺乏良好的教育背景去理解怎样满足整个项目所需技术的要求；或者可能他们仅仅知道如何用一种方式去做好一件事情，比如机械工程、电力工程或程序。因此，在技术过硬的同时，项目团队成员还必须拥有良好的教育背景以胜任项目的工作。

（3）经历。技术与教育水平仍然不足以判断一个对象是否适合项目团队，经历也非常重要。在理想的情况下，项目经理都希望吸收最有经验的人员。

（4）性格。项目团队成员的性格会影响他们所处的环境从而进一步影响团队的产量。有些人员拥有良好的教育背景、精湛的技术和丰富的经验，但是缺乏完成项目任务所需的性格。安置那些技术精湛、具有良好教育背景和经验但是性格不适合的人员可能会影响到整个项目团队，不能很好地满足工作的需要。

特别提醒

当单独考虑性格影响时，项目经理应该不仅要考虑成员的性格是否适合这项工作，还要考虑成员的性格是否适合项目组。

9.3.3　挑选项目团队成员的具体步骤

（1）细致分析岗位的要求，包括所需人员的能力、素质、经验等。

（2）分析候选人的能力、成就和失败，他对其他人员的依赖性。主要指候选人过去的历史、能力、在未来团队中的合作能力，尤其是对待工作、同事、顾客的态度。

（3）了解他过去团队中领导的建议。他有哪些优点，哪些不足，忠告和建议。

（4）向候选人描述一下他的工作职责、对他的期望、要达到的业绩标准。看看他的反应，他能否接受挑战。

9.3.4　让表现欠佳的成员离开项目团队

对项目经理来说，保持适当的团队成员组合，更换那些无法尽职尽责的人员也极为重要。

项目经理一旦意识到团队绩效表现难尽人意，就需要尽快采取措施，需要明确提供相应的机会，促使相关人员能够有更佳表现。项目经理要确保相关人员能够得到明确反馈，知道他们工作不得力的原因，并为他们提供改正的机会。项目经理应该对照下列问题，予以反思。

（1）绩效不佳的人员是否明白他们需要完成的工作？

（2）绩效不佳的人员是否知道自己表现不佳，提供一些有建设性的指导意见，能够帮助他们解决问题吗？

（3）导致绩效不佳的原因是什么？

（4）是否能够杜绝这些绩效不佳的原因？

（5）相关人员是否愿意、是否有能力克服这种绩效不佳的问题？

如果项目中有人无法取得好的绩效，危及了项目成果的实现，项目经理要向项目发起人提出建议和意见，说明不称职人员可能带来的风险，并尽力把这些人员从项目中剥离出来。

特别提醒

如果项目经理不撤掉无法取得好绩效的人员，其他项目成员也会受到影响。

9.4　确定人员职责和团队行为准则

9.4.1　确定团队成员的职责

项目团队组建之后，正式运作之前，项目经理应让所有成员都知道如下内容。

（1）自己需要承担什么职责，需要完成哪些任务。团队成员要清楚而明确地对这些问题作出回答。

（2）项目中谁有权安排工作，项目成员需要与谁合作、为谁服务。

（3）项目成员需要与谁交往、与谁合作，以实现他们的既定任务。

（4）项目成员应该在项目上投入多少时间。（应该确保项目成员能够保证在项目参与的持续期内和具体的参与时间留出充足的时间。）

（5）团队成员任务完成与否的衡量标准。

（6）项目成员被选入团队的原因。

特别提醒

项目成员之所以被选入团队，是因为他们是适合项目工作的唯一人选，但应尽量不要把这一理由告诉他们，因为这样很难对他们产生激励作用。

9.4.2 制定项目团队成员的行为准则

每一团队都须有自己的行为准则，项目经理最好以书面形式制定出有益于团队的行为规范，并向全体成员宣布，以此来鼓励有益的行为、纠正有害的行为，并帮助成员了解什么是所期望的行为，从而提高团队自我管理、自我控制的能力，促进团队的成长，使其早日步入规范期。团队的行为准则应在成立之初就制定出来，一旦被确立就不应轻易更改，否则会引起混乱和不安。行为准则将会成为团队文化的基础，但随着团队的成长和环境的变化，通常需要对最初的行为准则进行定期的修改。制定和修改行为准则都需要团队全体成员的共同参与，并最终得到全体队员的接受、遵守与维护。同时，团队最好要指定专人来监督团队行为准则的遵守情况。

【范本】▸▸▸

×× 项目成员行为规范

一、来自不同团队成员之间以及顾问和客户之间互相尊重，尊重彼此不同的背景和价值，具有团队合作精神，不断发展自己的团队沟通和合作技能。要识大体、顾大局，具有集体荣誉感和责任感。要积极参与公司、团队、项目组织的各项活动。项目实施过程中必须分析自己作出的决定对其他工作模块的可能影响，多做横向沟通。对客户和团队有意见和建议，要通过正常沟通管道反馈和解决，严禁搬弄是非。每天至少检查一次公司的邮件，早9:00～晚12:00间不得无故关闭手机。

二、树立严格的时间观念。开会、上班、集体活动不迟到、不早退。有事要尽早提前向上级请假并通知所有有关同事，不搞"突然袭击"。严格执行项目里程碑计划、工作模组主计划和周计划，必要时主动加班加点以保证进度和质量。每周五下午以邮件形式向项目经理提交周工作报告，汇报本周工作进展、下周工作计划和关键问题，不得敷衍了事。周工作计划采取以顾问组长为主，并与客户对应组长共同确定的方式，要严格根据项目主计划进行安排，并细化工作任务到半天（同一任务不得连续做超过半天的时间。若有，必须将任务进一步细分），将责任落实到个人而不是小组。

三、鼓励有纪律的创新。要积极参加建设性的辩论，开发逻辑性强、先进而具有可操作性的解决方案。要富有原创精神，从客户角度出发用心思考，简单复制加粘贴要不得。要积极借鉴最佳实践，并充分结合客户实际，不得闭门造车。要严格执行项目实施方法论，开发符合文档规范的高质量的交付作品。要积极主动承担富有挑战性的工作，而不是在任务和挑战面前退缩或寻找借口推辞。

四、积极与他人分享知识和经验，互相学习，促进团队共同进步。对新知识持有开放式的态度，绝不保守。对他人的请求，在力所能及的情况下做到有求必应，不得遗漏或推诿客户提出的任何请求。会议纪要、项目备忘录等要内容翔实、重点突出，根据需要签署、分发、保存；要积极配合项目知识管理员的文档管理工作，项目计划、项目交付作品要及时、正确地在共享文档服务器或项目管理工具上存档，并根据实际情况及时更新，定期进行分类、清理和整理，不容许"垃圾"文件存在。同时具有保密观念，未经项目经理批准，不得将任何项目资料以任何形式传递给任何与项目无关的人或组织。

五、树立良好的风险意识。时刻注意发现、汇报并管理项目风险，要及时更新风险问题清单以不断跟踪各类问题的解决状况；树立项目范围管理意识，不可贪大求全；谦虚谨慎，不允许不懂装懂，遇到难题要及时寻求帮助。

六、严格遵守项目纪律，正确、及时完成报销单的填写和提交。上班时间在办公室内不允许闲聊、浏览与工作无关的网站、玩游戏、(戴耳机)听音乐、长时间打私人电话、阅读与工作无关的读物、打瞌睡、吸烟、喝酒、吃零食、化妆、大声喧哗以及其他任何形式影响工作的行为，讲究卫生，保持良好的工作环境。在工作场所着装要合适，不准穿拖鞋、运动装、无领T恤，女士不准穿超短裙等，出席正式或重要会议必须严格按照相应公司标准着装。

9.5 项目团队协作的三个基本要素

项目团队因为人数较多很容易出现问题，因此团队协作要注意这三个基本的因素：分工、合作以及监督。

9.5.1 分工

如果是一项单人就可以完成的任务，项目经理一般会指派给专人负责。

个人独立工作并无分工的问题。而在两人协作中，彼此则可以通过平等的协商和沟通从而对工作量和工作内容进行有效的分配。

而一个大的项目组，由于其成员人数较多，因此在工作量与工作内容的分配问题上，显然难以通过彼此的平等协商和沟通而得出一个有效并令众人都满意的方案。即使项目经理可以进行安排与协调，但这本身就需要项目经理懂得怎样进行团队协作。

9.5.2 合作

有分工，就需要合作，即彼此相互配合。在同伴协作中，由于人员构成简单，在彼此合作、协调、沟通的难度上远远低于团队协作。

而在一个大的项目组中，由于其成员身份背景的差异，彼此间的人际关系的复杂以及对彼此工作的不熟悉等原因，因此造成了在彼此相互合作上存在相当大的难度。

9.5.3 监督

如果缺乏有效的监督，就会导致所有项目组成员都偷工减料，从而使该项目彻底失败。而在个人独立工作时，一切工作都须由自己负担，因而没有让其他人分担的可能。

在团队协作中，彼此可以进行简单有效的互相监督，因而也这方面存在问题的可能性也较小。

因此，在一个大的项目组中，建立起良好的团队协作至关重要。因而在对一个项目的管理过程中，团队协作显然是不可忽略的重要环节。而在处理团队协作问题时，建立起合理完善的团队监督机制就是首先应该解决的问题了。

9.6 构建高效率项目团队

9.6.1 整合团队成员

一般而言，在项目团队中，项目成员可能没有共同合作的经历。项目经理必须作出努力，整合团队成员，让他们能够建立起良好的合作。

在团队建设这一方面，并没有绝对正确的方式，同时，不同类型的人员，需要在不同的时间范围内组合起来，共同完成项目工作。为了做到这点，项目经理整合团队成员需要做到图9-4所示几点。

要点一	认真对待动员工作。项目团队第一次动员时，项目经理一定要对项目目标和每个人员的角色充分沟通。要特意安排一定的时间，让大家彼此熟悉
要点二	要确保每个人对自己的角色能够有一个清楚而深刻的认识和理解
要点三	确保建立畅通的沟通渠道。不仅项目经理和团队成员之间需要建立畅通的沟通渠道，而且项目成员之间也需要建立畅通的沟通渠道
要点四	项目经理应该尽量创造机会，让项目成员多聚面，多创造交流的机会
要点五	对项目成员之间那些有助于团队建设的行为、活动，项目经理要多加鼓励。对那些不利团队建设的活动，项目经理要予以坚决抵制

图 9-4　整合团队成员的要点

9.6.2 确保团队成员的个人成长和发展空间

只要团队成员参与了项目，无论时间长短，如果无法从中取得个人的成长和发展空间，工作起来就没有激情。如果团队成员感到自己的技能能够在项目过程中得到强化，就会成为激励他们忘我工作的一个重要动力。项目经理在安排相关人员参与项目工作时，应该做到以下几点。

（1）理解项目成员获得个人成长和发展的必要性。通常这并不是项目经理的核心目标，但它对项目的成功却至关重要。因此，项目经理要尽力平衡好项目成员现有技能和学习目标之间的关系。

（2）在引导项目成员参与项目时，要准确理解、把握项目成员的需要和想法。如果项目成员的期望与现实之间无法做到协调或是项目成员的期望显然不合理，就要直接指出来，而不要拖延到项目工程后期，毕竟项目开始时，项目经理还有一定的机会去应对某些问题。

（3）要尽力向员工推销这样的理念：从项目过程中自然而然地会学到想学的东西。

（4）制订项目计划时，可以规定一些合情合理的内容。比如，可以在项目计划中对培训课程作出相应的规定，可以对项目成员需要从事的一些具体工作作出规定。一定要确保不要因此而使规定的个人成长和发展目标影响到项目进展，不要因此而增加项目的风险。

9.6.3　确保团队成员在项目结束后有一个好的归宿

在参与项目的一些人员中，有些是以项目管理为职业的专业人员。这些人员是指那些把自己全部精力投入到项目工作中，总是结束一个项目又会转入另一个项目。但多数项目团队的成员是从他们日常的职能部门中抽调出来，参与到项目过程中的。对他们来说，若需要在项目中投入较长时间，就会心存顾虑。项目经理可以围绕以下几个方面，做好这一工作。

（1）项目团队在配备相应人员前，就需要针对可能出现的问题做好充分准备。

（2）项目完成后，需要告知团队成员，他们仍旧需要对项目付出一定的努力。

（3）可能的话，对抽调到项目中的成员，可以安排其他人员或从外部聘请顾问人员担负起他们原来的工作，在项目结束时，他们就可以重新回到原来的工作岗位。

（4）对一些核心人员，可以采取一些极端的做法，比如，可以在项目结束时，向他们发放一些奖金或其他报酬，以弥补他们参加项目所承担的风险。这种做法并不常用，但非常有效。

9.6.4　为团队成员创造聚会场所和沟通渠道

如果团队成员能够在工作时保持密切接触，就会作出更为突出的工作成绩，往往会想到更富有创造性的解决方案，而彼此之间的冲突也会大大降低。因而项目经理在接受新的项目任务时，应尽力为项目团队找一个聚会的场所，这会对项目进展的效率和效果带来显著影响。项目如果极为重要，就需要投入精力和时间，把项目团队带到一个聚会的场所，让大家进行充分的沟通和研讨。

实在没条件，也应确保所有项目成员至少要相互认识一下，彼此见见面。通常，在这种情况下，要确保沟通渠道畅通无阻，确保大家能够尽量以"便于密切交往"的方式交流和沟通，最理想的沟通方式是面对面沟通，其次是网络视频会议沟通、电话联系、电子邮件沟通。

9.6.5　做好零星资源的管理工作

每个项目经理都希望团队成员能够全力以赴，把自己的全部心思和精力投入到项目工作中。但实际上，总有一些项目成员在承担项目任务时，还需要承担项目以外的其他任务，如其他项目的一些任务、企业中其他一些日常的事务性工作。

许多小型项目，其主要成员基本是由兼职人员构成。在这样的项目中，项目经理是唯一的项目专职人员，必须向其他人员作出种种恳求，趁着他人方便，为项目挤出一点儿资源，完成相关任务。因此，项目经理会把自己大部分时间用在说服工作和资源争取工作上，而不是用在其他方面的工作上，以取得零星的资源投入。

当然，如果项目需要投入的工作量很大，项目经理必须作出努力，争取到更多的人员全职参与到项目中，但不管怎样，项目经理都要做好对零星资源的充分利用，以克服全职人员不足的困难。

（1）项目经理要确保项目成员能够拿出固定的、能够量化的时间，参与到项目中。如，需要弄清项目成员是每周能拿出多长时间，是一天还是两天投入到项目中。

（2）对项目成员能够投入的时间做好控制和管理，确保对方同意投入的时间能够如约投入到项目中。

（3）尽力做好协调工作，确保为项目留出充足时间。如果项目经理需要安排两个成员合作完成某项任务，但两人每人每周只能抽出两天空余时间投入项目工作，这时，项目经理就需要进行协调，作出安排，至少应该确保这两个需要合作的项目成员能够把工作安排到同两天中，这样，两人就可以在工作时进行合作了。

（4）测量项目成员完成的项目成果和所投入的时间，作出工作进展的评估。

（5）项目团队中有一些人员的作用至关重要，但他们通常处于组织的初级岗位上，工作繁忙，几乎没有太多的时间投入到项目中。这时，项目经理需要作出权衡，通过自己的人格魅力和得体行为，说服他们为项目投入更多的时间，或者是把问题提交到项目发起人那里，迫使他们作出新的调整，把工作重点转到自己负责的项目中。

9.6.6　管理好高层人士在项目中承担的工作

几乎所有的项目，都会有一些任务需要由高层人士（专家）来完成。项目经理如何管理好这些高层人士（专家）在项目中的工作呢？

（1）项目经理一定要事先告知项目成员，让他们知道项目需要他们留出一定的时间投入到具体的项目工作中。

如果那些高层人士（专家）在项目中承担着某种正式职责，那么，做到这点就很简单了，比如，如项目发起人这样的高层人士，项目经理需要在项目开始时，就把需要让他们承担的工作坦诚相告，至少应该让他们知道随着项目的进展，到时会有一些问题需要提交他们予以解决。

（2）要把为什么需要高层人士承担工作的原因简洁、明了地解释清楚。项目经理应该让高层人士认识到，要完成项目，确实需要他们承担相应的工作，要他们认识到，你之所以这样做，完全是出于项目的需要。

（3）项目经理需要向对方说明自己制定的时间安排，说明自己需要在什么时间完成相应的项目任务。

高层人士很少能够全力以赴地投入到项目中，他们还有其他一些重要的事情需要去做，而且，即使他们希望完成自己应该承担的工作，但通常也难以做到这点。因此，对高层人士来说，他们需要不断调整任务的优先考虑顺序，这就要求项目经理确保自己的项目不被排除在他们优先考虑的范畴以外。如果能够让高层人士明白他们拖延工作所能带来的后果，那么，他们通常会作出积极行为，确保项目任务的按期实现。

（4）要尊重他们。项目经理要注重礼貌，要把事情解释清楚，要对高层人士给予足够的尊重，但同时，项目经理还需要积极主动，以确保任务能够及时完成。做到了这点，多数高层人士就会作出积极响应。

9.6.7　做好兼职专家的管理工作

某些专家只能以兼职的形式参与项目。需要专家提供兼职服务时，项目经理应注意确保这些兼职专家们能够恰如其分地对待其工作任务，因而，要向专家作出详细解释，使他们明白自己承担的工作处在一个什么样的项目背景下，自己的行为会对项目带来什么深远的影响。

项目经理还让他们知道，他们需要达到的具体要求，以确保他们提供绝对没有风险的解决方案，从而保证任务如期完成。

9.6.8　安排好项目收尾工作

与其他组织单位不同，项目总会有一个既定结束时间，这时就需要解散项目团队，团队成员要么转到另外一个项目工作，要么就回到他们原先的职能部门。项目经理要提前做好准备，不要在团队成员自己认为应该离开项目团队时就随意离开，为此，理需要进行如下考虑。

（1）提早做好准备，不要等到事情发生时，让人感到很突然。

（2）宣告项目结束需要作出明智决定：在项目工作已经完成，项目交付成果已经达到了可以宣告项目结束的标准时，才可以作出这种决定。

（3）在解散项目团队时，需要对项目成员的预期想法实施有效管理。项目时间安排常常会有些细微变动，随着项目进展，原先制订的解散项目团队的计划也会发生相应变化。同样道理，要对项目团队成员自身的想法进行相应管理，不要让他们自己觉得什么时候想离开就可以离开，要结合项目需要调整他们的心理预期。

（4）要顶住压力，不要让关键资源从项目中过早地撤出。

（5）要分批解散项目成员。

（6）对项目成员公开表达自己的感谢之情。对那些工作表现格外突出的人员，尤其需要予以充分感谢。

（7）把项目成员的表现反馈给他们职能部门的经理人员。

（8）召开项目团队的总结大会，总结项目中取得的经验教训。

第 10 章

项目干系人管理

章前概述

　　在项目管理中，干系人的管理尤为重要。合格的项目经理往往能够很好把握管理项目干系人的项目诉求期望（范围、进度、质量、风险、沟通等），做到项目利益最大化，通过一系列的工具和方法，高效捕获干系人的需求，并加以分析和制定相关的管理策略，使得项目执行过程中，得到更多正面的支持，尽量避免或减少部分干系人不支持的影响，从而大大提高项目的成功率。

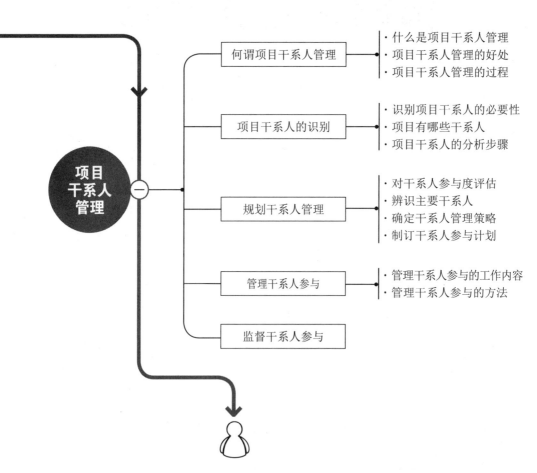

轻松学项目管理全流程之项目干系人管理

10.1　何谓项目干系人管理

10.1.1　什么是项目干系人管理

项目干系人管理是指对项目干系人需要、希望和期望的识别，并通过沟通上的管理来满足其需要、解决其问题的过程。

10.1.2　项目干系人管理的好处

项目干系人管理将会赢得更多人的支持，从而能够确保项目取得成功。具体来说，项目干系人管理能够带来以下好处。

（1）将会赢得更多的资源，通过项目干系人管理，能够得到更多有影响力的干系人的支持，自然会得到更多的资源。

（2）快速频繁的沟通将能确保对项目干系人需要、希望和期望的完全理解；从某种意义上来说需求管理是项目干系人管理的一部分。

（3）能够预测项目干系人对项目的影响，尽早进行沟通和制定相应的行动计划，以免受到项目干系人的干扰。

10.1.3　项目干系人管理的过程

项目干系人管理包括用于开展图10-1所示各个过程。

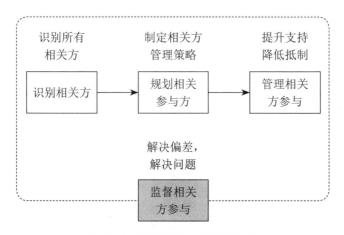

图 10-1　项目干系人管理的过程

10.2 项目干系人的识别

干系人分析是系统地收集和分析各种定量与定性信息，以便确定在项目中应该考虑哪些人的利益。通过干系人分析，识别出干系人的利益、期望和影响，并把它们与项目的目的联系起来。

10.2.1 识别项目干系人的必要性

项目经理在开展项目工作时，有必要对上面所列的各个项目干系人一一作出分析，明确是否存在这些项目干系人，确定在需要的时候，能否与他们建立联系，引导他们投入到项目管理中，从而为项目的实现作出一定贡献。如果不能全面把握哪一个项目干系人对项目提出需求说明以及相应的标准，那么，对项目的影响会很大。

（1）对项目需求标准的认识不全面、不准确。这样，项目就难以按预期要求顺利交工。

（2）激起客户的不满情绪。这会在项目生命期内导致客户根本不提供相应的支持，甚至会迫使客户采取一些激烈的阻抗行为。

（3）影响对项目成功与否的理解。客户往往会用多种方式对项目成功与否作出评价，除非能够深刻了解客户评价成功的方法，否则，项目难以取得成功。

10.2.2 项目有哪些干系人

项目面对的干系人并不限于一个，可能会面对多个。不同的干系人、不同的干系群体会对项目的成功具有不同的（或相互抵触的）项目需求和衡量标准。对绝大多数的项目来说，其干系人可以分为各种类别，他们都希望能够通过项目的实施来实现自身的利益。最常见的干系人有如图10-2所示。

图 10-2　项目干系人的种类

（1）项目发起人。项目发起人是指那些项目经理需要为之提交项目阶段性报告的人。项目发起人是推动项目进展的人，也是项目经理在项目客户方接触到的高层人员。项目发起人既可以是项目的受益方，也可以不是项目的受益方，但他们通常会对项目完成的最终结果负有责任。他们会对项目经理的工作提出指导意见，并以主要客户的身份对项目日常工作提出意见和建议。项目经理与项目发起人的关系是双重性的，一方面，发起人会对项目经理的工作给出指导意见和建议；另一方面，他们也是能够为项目经理提供帮助的可靠资源。

（2）项目投资方。项目投资方是指为项目提供资金的人。通常，项目投资方就是项目发起人，但有时两者并不属于同一方，因此，在这种情况下，项目投资方对项目的最终成果可能并不会表现出太大的兴趣。例如，有时，项目的主要负责人有可能是客户方的财务负责人。项目经理需要与该财务负责人保持密切联系，因为他可能随时切断项目的资金来源，但无疑他可能对项目进展的具体情况没有太大的兴趣。比如在新生产线建设项目中，财务负责人最关心的是项目花费了多少资金以及项目何时能够完工这样的问题，而对项目每天的进展情况兴趣不大。

（3）项目受益方。项目受益方是指项目完工后，能够通过项目实现收益的一方。项目受益方也可能是项目发起人，也可能是与项目发起人不同的另外一些人员。尽管项目受益方在项目日常的进展中参与不多，对项目日常的进展也没有表现出太多的兴趣，但如果他们对项目最终的成果感到不满意，项目也无法获得真正的成功。如在企业建设新生产线、提高生产能力的项目中，项目的真正受益方应该是能够从中得到更高利润的企业股东。如果投产的新生产线没有带来预期的利润，他们就会产生怨言，并采取相应的行动。

（4）项目成果的最终使用方。项目成果的最终使用方是指最终使用项目交付成果的人员。对许多项目来说，项目成果的最终使用方是指该组织相关的工作人员。由于这些人员个人并没有从项目成果中得到收益，因此，他们还不能算是项目的受益方，但如果他们不满意项目的成果，或是无法使用项目交付的成果，项目自然也不能算作取得了圆满成功。如新生产建设项目中，项目成果的最终使用方就是生产车间的工作人员。任何生产设施必须适应相关人员的操作使用，因此，生产车间的工作人员就是项目经理应该予以关注的客户方。

（5）项目产品的终端顾客。终端顾客是指项目生产出来的产品所针对的最终用户。例如，如果是向连锁超市生产新产品这样一个全新的项目，那么，从项目的角度来看，在项目的整个生命周期内，连锁超市就成为该项目的客户方。但是，超市采购新产品的目的是为了向其顾客——项目产品的终端顾客——进行销售。那么，这些终端顾客值得关注吗？一般来说，在项目的日常进展中，这些终端顾客并不需要单独给予额外的关注，但他们确实对项目总体的成功起着至关重要的作用：如果终端顾客不喜欢超市推出的新产品，他们就不会购买，结果项目也会随之陷入失败。因此，项目经理必须理解终端顾客的观点和需求，这可以通过直接手段加以了解，也可以通过营销部门等专业机构，以间接的途径加以了解。

（6）其他利益相关者。除了上述项目的直接利益相关者之外，还有一些个人和组织与项目之间有或多或少的利益关系。比如政府的有关部门、社区公众、项目用户、新闻媒体、市场中潜在的竞争对手和合作伙伴等，甚至项目团队成员的家属也应视为项目的利益相关者。不同的利益相关者对项目有不同的期望和需求，他们关注的目标和重点常常相去甚远。

10.2.3　项目干系人的分析步骤

第一步，识别全部潜在项目干系人及其相关信息，如他们的角色、部门、利润、知识、期望和影响力。关键干系人通常很容易识别，包括所有受项目结果影响的决策者和管理，如项目发起人、项目经理和主要客户。通常可对已识别的干系人进行访谈，来识别其他干系人，扩充干系人名单，直至列出全部潜在干系人。

第二步，分析每个干系人可能的影响或支持，并把他们分类，以便制定管理策略。在干系人很多的情况下，就必须对关键干系人进行排序，以便有效分配精力，来了解和管理关键干系人的期望。有多种分类方法可用，如表10-1所示。

第三步，评估关键干系人对不同情况可能做出的反应或应对，以便策划如何对他们施加影响，获得他们的支持，减轻他们的潜在负面影响。干系人分析如表10-2所示，相关类别及应对策略如表10-3所示。

表 10-1　项目干系人分类方法

方法	方法说明	图例
权力／利益方格	根据干系人的职权（权力）大小及对项目结果的关注（利益）程度进行分类	

续表

方法	方法说明	图例
权力 / 影响方格	根据干系人的职权（权力）大小及主动参与（影响）的程度进行分类	
影响 / 作用方格	根据干系人主动参与（影响）的程度及改变项目计划或执行的能力（作用）进行分类	
相关方立方体	这是上述方格模型的改良形式。本立方体把上述方格中的要素合为三维模型，项目经理和团队可据此分析相关方并引导相关方参与项目。作为一个多维模式，它将相关方视为一个多维实体，更好地加以分析，从而有助于沟通策略的制定	

续表

方法	方法说明	图例
影响方向方格	根据相关方对项目工作或项目团队本身的影响方向，对相关方进行分类	执行组织或客户组织、发起人和指导委员会的高级管理层　临时贡献知识或技能的团队或专家　向上　向下　向外　横向　项目团队外的相关方群体及代表，如供应商、政府部门、公众、最终用户和监管部门　项目经理的同级人员，如其他项目经理或中层管理人员
凸显模型	根据干系人的权力（施加自己意愿的能力）、紧急程度（需要立即关注）和合法性（有权参与）进行分类	**凸显模型**适用于复杂的相关方大型社区或在相关方社区内部存在复杂的关系网络，凸显模型可用于确定已识别相关方的相对重要性 ·**权力**：职权级别或对项目成果的影响能力 ·**紧迫性**：因时间约束或相关方对项目成果有重大利益诉求而导致需立即加以关注 ·**合法性**：参与的适当性 权力　潜伏型相关方　危险型相关方　支配型相关方　确定型相关方　苛求型相关方　依赖型相关方　自主型相关方　紧迫性　合法性

表 10-2　干系人分析

项目名称：	制表日期：		
姓名或角色	兴趣	影响	态度

表 10-3　干系人类别及应对策略

干系人类别	定义	应对策略
影响大、支持强	项目发起人应该属于这一类别	项目经理可以通过这类人员取得相应的项目资源和支持。否则，项目就会困难重重
影响大，支持弱	那些对项目持有反对意见、实力强大的人员	项目经理必须作出积极的行动，对其实施有效管理。项目经理需要仔细思考，自己应该怎样做才能赢得他们的支持。如果无法做到这点，就需要采取有效措施，化解他们的抵制行为
影响小，支持强	这是指那些支持项目工作，但对项目成果没有实质影响的人	项目经理可以通过这类人员，帮助自己完成项目的相关工作
影响小，支持弱	这是指那些反对项目工作，但对项目成果没有实质影响的人	常规做法要求项目经理把握如何说服他们，改变他们的反对立场。当这类人员的影响增强时，项目经理就需要对其实施相应管理，否则，项目经理可以对其不加理睬

第四步，给干系人登记造册。

干系人登记册包含项目干系人的详细信息，并概述其在项目中的角色和对项目风险的态度；可用于确定项目风险管理的角色和职责，以及为项目设定风险临界值。

干系人登记册是识别相关方过程的主要输出。它记录关于已识别干系人的信息，包括如下内容。

（1）身份信息。姓名、组织职位、地点、联系方式，以及在项目中扮演的角色。

（2）评估信息。主要需求、期望、影响项目成果的潜力，以及干系人最能冲击的项目生命周期阶段。

（3）干系人分类。用内部或外部，作用、影响、权力或利益，上级、下级、外围或横向，或者项目经理选择的其他分类模型来进行分类，进行分类的结果。如表 10-4 所示。

表 10-4　干系人登记表

姓名	职位	项目角色	基本需要和期望	在项目的利益程度（H，M，L）	对项目的影响程度（H，M，L）	最密切相关阶段	内部或外部	支持中立反对	地点	管理策略

注：H，即 high，高；M，即 medium，中；L，即 low，低。

特别提醒

　　不同的项目阶段，项目的干系人会不同，因此持续识别干系人是项目经理或项目团队重要的工作组成部分。当干系人发生变动时，要重新对干系人进行识别和评估，并主动投入精力进行沟通和交流，力争新的项目干系人是为项目服务的。项目管理要求尽早地识别和面对负面干系人，并且一视同仁，如同对待正面干系人一样，力争将负面影响转换为正面支持，忽视和冷漠负面干系人会一定程度提高项目失败的可能性。

10.3　规划干系人管理

　　规划干系人管理是指基于干系人的需求、利益及对项目成功的潜在影响的分析，制定合适的管理策略，以有效调动干系人参与整个项目生命周期的过程。此过程为项目干系人的互动提供清晰且可操作的计划，以支持项目利益。规划干系人管理是一个反复过程，应由项目经理定期开展。

10.3.1　对干系人参与度评估

　　项目经理首先应该对干系人参与度进行评估，具体的评估方法如下。
　　（1）专家判断。为了创建干系人管理计划，项目经理应该向受过专门培训、具有专业知识或深入了解组织内部关系的小组或个人寻求专家判断和专业意见。
　　（2）会议。项目经理应该与相关专家及项目团队举行会议，以确定所有干系人应有的参与程度。这些信息可以用来准备干系人管理计划。
　　在整个项目生命周期中，干系人的参与对项目的成功至关重要。干系人的参与程度可以分为如图10-3所示的类别。
　　项目经理可在干系人参与评估矩阵中记录干系人的当前参与程度。项目团队应该基于可获取的信息，确定项目当前阶段所需要的干系人参与程度，通过分析，识别出当前参与程度与所需参与程度。如表10-5所示。
　　通过分析，干系人3处于所需参与程度，而对于干系人1和2，则需要做进一步沟通，采取进一步行动，使他们达到参与程度。

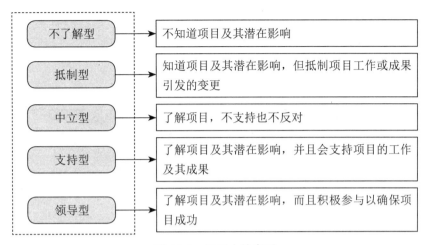

图 10-3　干系人的类型

表 10-5　干系人参与评估矩阵示例

干系人	不了解	抵制	中立	支持	领导
干系人 1	C			D	
干系人 2			C	D	
干系人 3				DC	

说明：C 表示当前参与程度；D 表示所需参与程度。

10.3.2　辨识主要干系人

评判干系人对项目的影响，辨识主要干系人，根据每个干系人的当前与期望参与水平的差距，开展适当级别的沟通，精准引导干系人参与项目。

10.3.3　确定干系人管理策略

干系人管理有如下四种策略。

权力大—利益低：令其满意。

权力大—利益高：重点管理。

权力小—利益高：随时告知。

权力小—利益低：做好监督。

10.3.4　制订干系人参与计划

干系人参与计划是项目管理计划的组成部分。它确定用于促进干系人有效参与决策和执行策略和行动。基于项目的需要和相关方的期望，干系人参与计划可以是正式或非正式的，非常详细或高度概括的。干系人参与计划包括（但不限于）调动个人或干系人参与特定策略或方法，如表10-6所示。

表 10-6　干系人参与计划

项目名称：　　　　　　　　　　　　　　　　　制表日期：

干系人	不了解型	抵制型	中立型	支持型	领导型

C 为当前参与水平　　　　　　　D 为期望参与水平

悬而未决干系人的变化

干系人关系

干系人参与方法

干系人	方法

特别提醒

　　在实际项目中，干系人需求、期望、利益往往会缺少考虑隐含的需求，比如关系、信任、交往、情感等。

10.4　管理干系人参与

　　管理干系人参与是在整个项目生命周期中，与干系人进行沟通和协作，以满足其需要与期望，解决实际出现的问题，并促进干系人合理参与项目活动的过程。管理的目的是帮助项目经理提升来自干系人的支持，并把干系人的抵制降到最低，从而显著提高项目成功的机会。

10.4.1　管理干系人参与的工作内容

管理干系人参与的工作内容如下。

（1）调动干系人适度参与项目，以获得或确认他们对项目成功的持续承诺。

（2）通过协商和沟通管理干系人的期望，确保项目目标实现。

（3）处理尚未成为问题的干系人关注点，预测干系人未来可能提出的问题，需要尽早解决。

（4）识别和讨论这些关注点，以便评估相关的项目风险。

（5）澄清和解决已识别出的问题。

10.4.2　管理干系人参与的方法

（1）沟通方法：应该使用在沟通管理计划中确定的针对每个干系人的沟通方法，如图10-4所示。

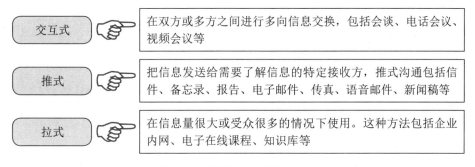

图 10-4　管理干系人参与的方法

（2）人际关系技能：项目经理应该用人际关系技能来管理干系人的期望。建立信任、解决冲突、积极倾听、克服变更阻力。

（3）管理技能：项目经理应用管理技能来达成项目的成功。与干系人对项目目标达成共识，对干系人施加正面影响。

（4）问题日志：随着新问题的出现和老问题的解决而动态更新。

（5）变更请求：在管理干系人参与过程中可能对产品和项目提出变更请求。

10.5　监督干系人参与

监督干系人参与是指全面监督项目干系人之间的关系，调整策略和计划，以调动干系人参与的过程。其目的是，随着项目进展和环境变化，维持并提升干系人参与活动的效率和效果。

监督干系人参与的主要工作有：考察，记录和分析干系人实际参与项目的程度，并与所要求的参与程度进行比较，形成工作绩效信息，并提出变更请求（用于改善相关方当前参与水平的纠正及预防措施）。

工作绩效信息本身不会直接用于决策的制定，需要项目经理通过数据分析和整合，形成信息并提交工作绩效报告。绩效数据包括：工作完成百分比、技术绩效指标、进度活动的开始和结束日期、需求变更次数、缺陷数量、实际成本和实际持续时间。项目绩效信息的例子包括：交付状态、变更请求实施状态，以及预计完工预算。

特别提醒

干系人通常站在自己角度思考问题，缺少全面认知，因此项目经理需要在干系人对项目产生的影响偏离预期时进行干预，更新干系人管理计划，提高其活动效率和效果。

第11章

项目沟通管理

章前概述

  为了做好每个阶段的工作，以达到预期标准和效果，项目经理就必须在项目部门内部、部门与部门之间，以及项目与外界之间建立沟通渠道，能够快速、准确地传递沟通信息，以使项目内各部门达到协调一致，缺乏良好的沟通，就不可能较好地实现项目目标。

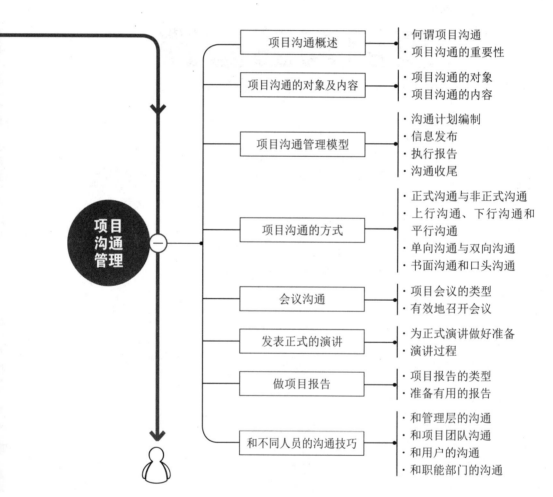

轻松学项目管理全流程之项目沟通管理

11.1 项目沟通概述

11.1.1 何谓项目沟通

沟通就是信息交流。项目沟通是确保项目团队的相关信息能及时、正确地产生、收集、发布、储存和最终处理好项目信息所需的各个过程。具体来说，项目沟通的作用如下。

（1）为项目决策和计划提供依据。

（2）为组织和控制管理过程提供依据和手段，有利于改善人际关系。

（3）为项目经理的成功领导提供重要手段。

项目沟通管理，就是为了确保项目信息合理收集和传输，以及最终实施的一系列过程。

11.1.2 项目沟通的重要性

在项目中，由于沟通不到位，导致效果不明显，甚至出现许多问题。其实要达到有效的沟通有很多要点和原则需要掌握，尽早沟通、主动沟通就是其中的两个原则，实践证明它们非常关键。

有些项目经理，检查项目成员的工作没有具体的计划，工期快到了和大家一沟通才发现进度比想象中慢得多，工作自然很被动。尽早沟通要求项目经理要有前瞻性，定期和项目成员进行沟通，不仅容易发现当前存在的问题，很多潜在问题也能暴露出来。在项目中出现问题并不可怕，可怕的是有问题却没发现。沟通得越晚，问题暴露得越迟，带来的损失也就越大。

沟通是人与人之间交流的方式。主动沟通说到底是对沟通的一种态度。在项目中，项目经理应该提倡主动沟通，尤其是已经明确有必要去沟通的时候。当沟通是项目经理面对用户或上级、团队成员面对项目经理时，主动沟通不仅能建立紧密的联系，更能表明对项目的重视和参与，会使沟通的对象满意度提高，对整个项目更有利。

11.2 项目沟通的对象及内容

实施项目管理时，如果未能充分认识到沟通的重要性，就会让项目处在风险之中。如果没有与需要沟通的人沟通，项目面临的风险就会大大增加。

11.2.1　项目沟通的对象

因此，项目经理需要给予沟通对象充分关注。通常项目经理都需要对一些特定的人员进行正式和非正式的沟通和交流。他们的沟通对象可以分为三大类。

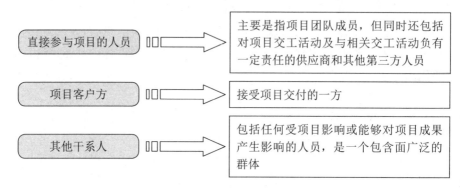

图 11-1　项目沟通的对象

11.2.2　项目沟通的内容

那项目经理针对不同类别的人员进行沟通时应做哪些考虑呢？

（1）项目团队。项目经理日常的沟通主要是在项目团队成员之间进行。

① 项目经理要做的工作。项目团队从设立时起，项目经理就需要向团队成员说明需要开展的工作，需要对他们的工作给予指导。除此以外，项目经理还需要做到如图11-2所示的几点。

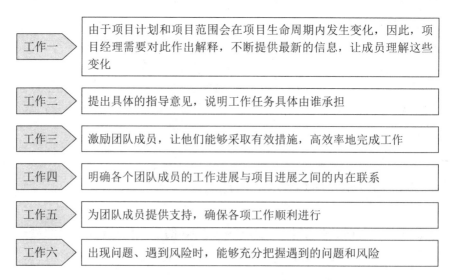

| 工作七 | 对团队整体动态和各个成员的动态有充分的理解和把握，这样，无论需要采取什么样的管理措施，都能够做好筹划和执行工作 |
| 工作八 | 倾听团队成员的意见和心声，他们常常能够提供重要的信息、优秀的创意和建议 |

图 11-2　项目经理要做的工作

特别提醒

要做到以上工作，项目经理必须能够认识到什么样的信息是与项目团队相关的信息，必须能够了解什么样的方法是与团队成员进行沟通的最佳方法。

② 项目经理要考虑的沟通问题。项目团队由哪些人员构成应该一目了然，但项目经理需要认真思考以下问题。

· 究竟需要把谁纳入日常的沟通范围之中呢？

· 你有没有把在项目中起到重要作用的供应商纳入自己的沟通对象之中呢？

· 在你实施项目管理时，有没有一些专家，他们虽然参与项目的时间较短，但却承担着重要的作用呢？对这样的一些人员，你当然也需要像对待项目团队的其他核心人员一样，与他们进行充分沟通。

除非项目经理能够保证参与项目的每个人都明白他们需要承担的工作，都能够完成他们所承担的工作，否则，项目经理就需要与他们进行更为充分的沟通。

（2）客户。项目客户可以分为如下类别：项目发起人、项目投资方、项目受益方、项目成果的最终使用方、项目产品的终端顾客。

项目经理需要在日常的工作中与相关的客户方交谈，倾听他们的心声。场合不同，项目的相关客户也各不相同，因此，项目经理必须拿出时间，分清哪些客户是自己应该面对的客户。一般来说，项目经理需要做到图 11-3 所示几点。

| 事项一 | **确定谁是自己的客户** |
| | 确定谁是自己面对的客户并不像表面看起来那样简单。参与任何项目的管理工作时，项目经理都应该仔细考虑一下，确保自己明白不同的客户群体会对项目的成功起到什么样的作用 |

图 11-3

| 事项二 | 确定相对关键、相对重要的客户群体 |

并不是所有类别的客户都有一样的表现，项目经理的时间有限，根本不可能与每个人都进行充分沟通。当然，不应拿这当作项目管理不善的借口和托词，但是，必须注意把主要的时间投入到最为重要的那类客户身上

| 事项三 | 确定对客户有用的信息 |

不同类别的客户具有不同的信息需求。对负责财务出身的客户来说，在项目花费了多少和项目进展如何这两个问题上，他更关心的是前者；项目产品的终端客户更关心的则是项目的最终成果将如何实现与其自身需求相匹配这一问题

| 事项四 | 确定信息传递的最佳时机、途径和方法 |

对有些类别的客户，需要进行经常性的沟通交流，甚至可以说需要每天与之沟通；而对有些客户，偶尔与其进行一下沟通，就会让他们感到相当满意。有些客户需要得到极为详尽的书面报告，而有些客户则只需要通过电子邮件进行沟通就可以了

| 事项五 | 确定自己需要从客户方得到的信息 |

信息传递是一个双向过程。项目经理往往只是注重把自己的信息向客户一股脑儿地和盘托出，却没有想想自己需要从客户那里得到哪些相应的信息——这一点，无论是从向项目经理提出更多要求这一角度上来讲，还是从向项目经理赋予更多职责的角度上讲，都是对项目成功、对项目经理成功具有一定的帮助作用的

图 11-3　项目经理面对客户应做的沟通事项

（3）项目干系人。根据项目的不同，项目干系人所具有的重要性也表现出极大的不同。对一些小型项目和一些交付成果影响范围有限的项目来说，项目经理基本不用考虑项目干系人。但是，对那些大型的企业变革性的项目群，以及那些具有重要影响的项目群，比如修建大型公路这样的项目，与项目干系人沟通就成为项目群管理的一个重要内容。就与项目干系人的沟通而言，项目经理需要注重如下几个方面的工作。

| 事项一 | 确定项目干系人：谁能够对项目产生影响，谁会受到项目的影响 |

事项二	评估项目干系人与项目之间的关系：他们是仅仅与项目有联系，还是能够对项目进展起到关键性的作用
事项三	找出对项目成功起着重要作用的干系人：要对可能阻碍项目实施的所有人员予以管理
事项四	找出深受项目成果影响的干系人：这些人可能并不会对项目本身的成功产生影响，但把这些人的意愿考虑在内，是项目成功的一个重要因素

图 11-4　项目经理面对项目干系人应做的沟通事项

11.3　项目沟通管理模型

一般而言，一个比较完整的沟通管理模型，应该包含以下几方面的内容：沟通计划编制、信息发布、执行报告和沟通收尾。

11.3.1　沟通计划编制

项目经理其实相当于一个路由器，它连接的对象很多，包括管理层、项目团队、用户、职能部门、外部资源等，为确保项目信息的有效传递，很有必要提前对沟通进行计划。计划的目的是让项目工作变得有序。好的计划会让项目相关人员开展工作时心中有数，始终围绕项目目标开展工作，所有工作都是有效的，从而降低项目执行中的风险。

（1）项目沟通计划的内容。沟通管理计划就是确定项目利益者对信息和沟通的需求，是对项目整个生命周期中信息沟通的内容、方式和渠道等各个方面的计划与管理。制定沟通管理计划是项目沟通管理中的第一个过程，其核心是项目利益相关者分析，主要搞清楚 3W1H（who、what、when、how）的问题，即谁、需要什么信息、何时需要、怎样传递。

项目沟通计划需要相关人员达成共识，通常包括表 11-1 所示内容。

表 11-1　项目沟通计划的内容

序号	项目	内容说明
1	沟通对象	是管理层、团队成员、各职能部门的管理人员，还是外部资源
2	信息内容	是市场需求、测试结果、合同条款、变更需求、生产准备，还是问题和风险
3	沟通频次	是定期还是不定期？如果定期，频次是一周、两周，还是一月

序号	项目	内容说明
4	沟通途径	是会议、邮件，还是公司的系统工具
5	相应需求	是知会对方还是需要对方确定的回复？回复期限是立即还是几天内

（2）沟通计划的结果。沟通计划的结果是制订一份沟通管理计划。根据沟通管理的要求，一个完整的项目管理计划中应包括如图11-5所示内容。

在沟通计划中首先明确信息保存方式、信息读写的权限，明确各类项目文档、辅助文件等的存放位置及相应的读写权限。在项目实施中，可以采用 VSS 进行文档的统一管理，建立相应的目录结构。这样用于收集和保存不同类型的信息，进行统一的版本管理

存放项目干系人的联系方式。如开发成员、客户、高层领导、系统支持、顾问、行政部等。记录他们的座机、手机、职能等，做到简洁、明了。再加上某些特殊人员的标注，如说明各顾问所擅长的领域等。所有相关人员通过这个列表可以将项目涉及人员的资料了然于心

明确说明项目组成员对项目经理、项目经理对上级及相关人员的工作汇报方式、准确时间和形式。比如，项目经理的项目可以采取每周报告的原则，即每周五项目组成员提交周进展报告，汇报一周的工作进展状况及遇到的问题，每周一上午项目经理与业务经理沟通后完成项目周报，13：30 召开项目组例会，会后由项目经理向高层经理提交项目周报，每一阶段结束后提交阶段报告。所有文档均提交至 VSS 统一管理。遇有紧急情况必须通过电话及时沟通，另外，规定所有的邮件必须回复是否收到

使用统一的文件格式，是项目标准化管理的一部分，因而必须统一各种文件模板，并提供相应编写指南

明确本计划在发生变化时，由谁进行修订，并对相关人员发送

制订好沟通计划，重要的是如何按照其进行各类信息的传递，所以要规定好各类信息的传递方式

图 11-5　沟通计划的结果

[范本] »»

项目沟通计划模板

制定人：　　　　　　　计划时间段：从　　　　到

填制时间：

沟通时间	沟通内容	沟通目的	沟通渠道（方式）	文档	沟通对象	负责人
每周一上午	周工作总结及计划；存在的问题及处理办法	使项目组内部了解项目进展，统一思想；各小组成员对项目的想法	周例会、邮件	《会议纪要》《项目周报》	例会：项目小组成员　文档：与会人员，抄送领导小组、项目信息员、公司领导	实施经理或项目经理
里程碑日	项目阶段性总结	汇报阶段性工作	会议邮件	《阶段性总结报告》	例会：项目小组成员　领导小组：与会人员，抄送领导小组、公司领导	项目经理
	项目组筹备会议	协助对方组建项目组；了解对方对项目的想法	会议、邮件	《××项目组织结构表》《会议纪要》	会议：对方项目负责人、我方项目主要成员　文档：与会人员	
	项目启动会议	标志项目启动、动员相关人员进入角色	会议	《会议纪要》《项目规章制度》	会议：对方重要领导、项目组主要成员、项目相关业务人员	项目经理
	总体实施方案	汇报方案，听取对方的意见，最终双方确认	邮件、会议	《项目总体方案》《会议纪要》	会议：项目组主要成员、领导小组成员	项目经理

续表

沟通时间	沟通内容	沟通目的	沟通渠道（方式）	文档	沟通对象	负责人
里程碑日	调研报告（设计报告）讲解	模拟实际业务，发现软件和实际之间的问题	会议	《会议纪要》	会议：项目组主要成员	项目经理
产生软件问题时	软件问题	及时将问题通知开发经理、项目经理；实施问题存档	邮件	《问题反馈单》	相关开发人员、开发经理、项目经理	实施经理
每项任务开始前	任务分配及控制	项目经理将任务下发给执行人，并跟踪执行	邮件	《任务单》	任务执行人、项目经理	
每周	二次开发进度	及时了解和推动二次开发进展	邮件	《每周进度表》	项目经理、开发经理、实施经理、开发小组人员	
每项任务结束	任务完成质量	跟踪下方任务的完成质量，便于保证质量和考核	电话/邮件/谈话		项目经理、实施经理、开发经理、任务的受益人（主要客户）	项目经理
不定期	项目组交流	了解项目组成员对项目的想法和建议	谈话		谈话：项目组成员	
项目发生重要事件	交流会	解决争端，统一思想	专题会议	《备忘录》/《会议纪要》	与会人员、管理小组、公司领导	
……	……	……	……	……	……	……

11.3.2　信息发布

信息发布就是指在合适的时间，通过合适的方式将合适的信息提供给合适的人。可以说，及时有效地将信息发送给所需要的人是项目沟通成功的关键。沟通方式、信息检索系统、信息发布系统是信息分发过程中常用的工具和方法，如图11-6所示。在信息发布之前，还要确定信息发布（沟通）的责任人、时间、方式方法、渠道、使用权限、技术手段和反馈的方法等。

沟通技能用于交换信息。发送者要保证信息内容清晰明确、完整无缺、不模棱两可，以便让接收者能正确接收，并确认理解无误。接收者的责任是保证信息接收完整无缺，信息理解正确无误。沟通过程有多种方式：
① 书面与口头，听与说。
② 对内（在项目内）与对外（对客户、媒体、公众等）。
③ 正式（如报告、情况介绍会等）与非正式（备忘录、即兴谈话等）。
④ 垂直（上下级之间）与水平（同级之间）

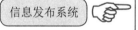

信息可由项目团队成员与利害关系者通过多种方式共享，包括手工归档系统、电子数据库、项目管理软件以及可调用工程图纸、设计要求、实验计划等技术文件的系统

信息发布系统

项目信息可以用多种方式分发，包括项目会议、硬拷贝文件分发、联网电子数据库调用共享、传真、电子邮件、语音信箱留言、可视电话会议以及项目内联网

图 11-6　信息发布过程中常用的工具和方法

特别提醒

> 沟通是双向的，必须保证信息被接收者接到。所有的沟通方式，必须有反馈机制。例如，使用邮件进行沟通，必须要求接收者简单回复"已收到"作为回应。信息收到后还必须保证理解是正确的。要求信息接收方说明具体明白了哪些，打算如何去做，并用邮件把相关的想法或欲采取的措施传给发送者，让发送者进行确认。

信息发布的结果主要三种，如图11-7所示。

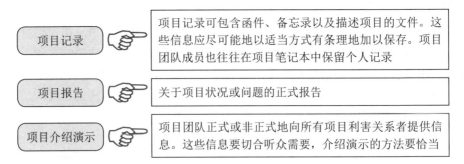

图 11-7　信息发布的结果

11.3.3　执行报告

（1）执行报告的过程。执行报告是一个收集和传播项目绩效信息的动态过程。执行报告包括收集和发布执行信息，从而向项目涉及人提供为达到项目目标如何使用资源的信息。这样的过程如图11-8所示。

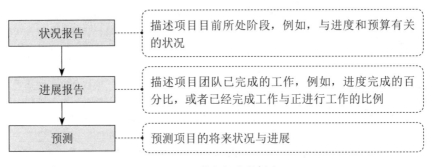

图 11-8　执行报告的过程

（2）执行报告的依据。执行报告的依据如表11-2所示。

表 11-2　执行报告的依据

序号	依据	说明
1	项目计划	项目计划包括用于项目绩效评估的各项基准
2	工作结果	工作结果——哪些可交付成果已全部或部分完成，哪些成本（或资源）已经动用或已经作出承诺等——指项目计划执行的产出（参看）。工作结果应在沟通管理计划所规定的范围内报告。只有准确、一致的工作结果信息才能对执行报告发挥作用
3	其他项目记录	包括评价项目绩效时应当考虑的有关项目环境的信息

（3）执行报告的方法。执行报告一般应提供关于范围、进度计划、成本和质量的信息。要做好执行报告，就必须选择合理的执行报告的工具和技术（绩效审查、偏差分析、趋势分析、实现价值分析），使执行报告与项目的实际情况最接近。

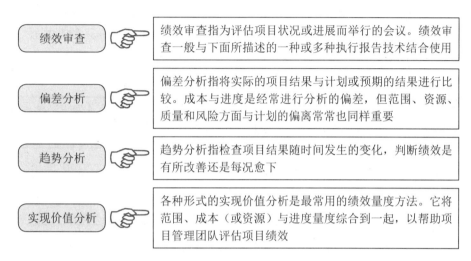

图 11-9　执行报告的方法

（4）执行报告的结果。执行报告的结果主要包括状态报告、进度报告、项目预测和变更请求，如图11-10所示。

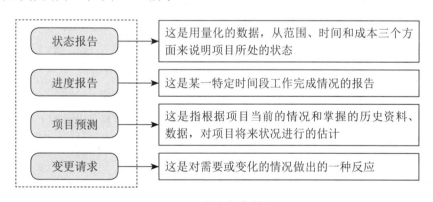

图 11-10　执行报告的结果

11.3.4　沟通收尾

（1）形成沟通纪要。不论是沟通目标还是内容，以及沟通过程记录，项目团队都要仔细记录，最终形成沟通纪要，通过邮件或其他方式发给沟通各方，有利于沟通各方对沟通情况有一个了解和确认，这样整个沟通才有一个较好的开端和收尾。

（2）沟通结果跟踪。只有沟通纪要仍然不够，即使沟通是有效的，项目经理也需要对结果进行确认和跟踪。例如在某个会议上项目组达成了5点共识并形成了会议纪要，那么项目经理就需要确认已达成的5点共识是否得到了有效的执行，是否需要将执行情况报告给相关干系人，直至沟通结果按照预期执行。表11-3是一种沟通结果的检查方式。

表 11-3 沟通结果的检查表

沟通	月/日/时	沟通方向	目的	目标	对象	承办人	效果评判		
							好	一般	差

11.4 项目沟通的方式

11.4.1 正式沟通与非正式沟通

（1）正式沟通是通过项目组织明文规定的渠道进行信息传递和交流的方式。它的优点是沟通效果好，有较强的约束力。缺点是沟通速度慢。

（2）非正式沟通指在正式沟通渠道之外进行的信息传递和交流。这种沟通的优点是沟通方便，沟通速度快，且能提供一些正式沟通中难以获得的信息，缺点是容易失真。

11.4.2 上行沟通、下行沟通和平行沟通

（1）上行沟通。上行沟通是指下级的意见向上级反映，即自下而上的沟通。

（2）下行沟通。下行沟通是指领导者对员工进行的自上而下的信息沟通。

（3）平行沟通。平行沟通是指组织中各平行部门之间的信息交流。在项目实施过程中，经常可以看到各部门之间发生矛盾和冲突，除其他因素外，部门之间互不通气是重要原因之一。保证平行部门之间沟通渠道的畅通，是减少部门之间冲突的一项重要措施。

11.4.3 单向沟通与双向沟通

（1）单向沟通。单向沟通是指发送者和接受者两者之间的地位不变（单向传递），一方只发送信息，另一方只接收信息的方式。这种方式信息传递速度快，但准确性较差，有时还容易使接受者产生抗拒心理。

（2）双向沟通。双向沟通中，发送者和接受者两者之间的位置不断交换，且发送者是以协商和讨论的姿态面对接受者，信息发出以后还需及时听取反馈意见，必要时双方可进行多次重复商谈，直到双方共同明确满意为止，如交谈、协商等。其优点是沟通信息准确性较高，接受者有反馈意见的机会，产生平等感和参与感，增加自信心和责任心，有助于建立双方的感情。

11.4.4 书面沟通和口头沟通

（1）书面沟通。

① 书面沟通的方式。书面沟通在项目团队中通常使用内部备忘录，对客户和其他外部成员，如承约商，则使用外部信件进行沟通。备忘录和信件都可通过拷贝、电子邮件等来传递。当无法召开会议或信息需要及时传送时，备忘录和信件是与相关人员进行沟通的有效方式。

② 使用时机。书面沟通仅在必要和不会增加文书工作的情况下使用，因为项目参与者通常很忙，他们没有时间去看那些琐碎的或者只需口头沟通便能获得的信息，如图11-11所示。

1 在确认决策和行动时，以一份备忘录或信件作为面对面会谈或电话交流的后续行动，可能比单凭个人的记忆力更好

2 当以备忘录来确认口头沟通时，应该给那些没参与沟通但又需知道信息的人一份副本

3 如果一个项目团队成员离开项目，则候补人员需对以前行动和决策的沟通记录有所了解，这时书面沟通就更重要了

图 11-11 书面沟通的使用时机

③ 适用范围。书面沟通大多用来进行通知、确认和要求等活动。例如，通知项目团队，客户将在某日来访或者要求团队成员向客户提供有关季度项目进度报告的书面情况。

④ 书面沟通要求。备忘录和信件必须清楚、简洁，不能长篇大论或是与主

题无关的内容。

（2）口头沟通。

① 口头沟通的方式。口头沟通可以是面对面的，也可以通过电话、有声邮件或电视会议等方式实现。

在项目早期，高度的面对面沟通对于促进团队建设、发展良好的工作关系和建立共同期望是特别重要的。把项目团队安排在同一个场所有利于沟通，因为到某人的办公室问些事情，比打电话容易得多。然而，在无法面对面沟通时，有声邮件就可以让人们及时地进行口头沟通。安排项目团队成员在一起一般不容易，尤其是当团队成员来自不同地区和承约商时。在这种情况下，采用电视会议是一种最好的方式。

② 口头沟通的要求。口头沟通的要求如图11-12所示。

及时	坦白、明确
项目团队成员要主动与其他团队成员和项目经理及时地联系，以获得和提供信息，而不是坐等。特别是项目经理，应该定期和项目团队成员沟通，也应主动拜访客户和公司的管理层，进行面对面沟通。如果拜访客户需要长途旅行，经理就应该采取定期电话讨论的方式进行沟通	当就一个问题或一件事情进行沟通时，使用言辞容易误导对方，使人不清楚你说的是什么。你可通过征求反馈信息来检查别人对你所传达的意思的理解。如果不能确定你表达的要点被人理解，则可请他们表述对你所讲的话的理解；同样，如果你对别人试图传达的要点不明白，就把你所理解的意思表达出来，以达成共识

图 11-12 口头沟通的要求

③ 口头沟通的时机。最后，口头沟通的时机是很重要的。例如，不应在某个同事正在做事的时候去找他讨论问题。在这种情况下，应该询问他什么时候有时间，并说明你需要跟他谈多长时间以及要谈些什么，这样他就会知道，是需要10分钟来讨论一个普通话题，还是需要1个小时来谈论一个重要的主题。同样，当打电话给另一个人时，你必须在开始就说明你想讨论的主题和所需时间，然后确认他现在是否有时间，或者你是否应该在方便的时候再打电话。

11.5 会议沟通

会议是促进团队建设和强化团队成员的期望、重要性以及对项目目标投入的工具。

11.5.1　项目会议的类型

项目管理沟通中有三种最常用的项目会议。

（1）情况评审会议。情况评审会议的基本目的是通知情况、找出问题和制定行动方案。

① 参加人员。项目情况评审会议通常由项目经理主持或召集，会议成员一般包括全部或部分项目团队成员，以及客户和项目团队的高级管理人员。

② 召开时机或频率。项目情况评审会议应该定期召开，以便早日发现目前的问题和潜在的问题，防止危及项目目标实现的意外情况发生。例如，项目情况评审会议在项目团队中可以每周召开一次，与客户进行的项目情况评审会议的周期可以长一些，如每月一次或每季度一次，这完全根据项目的工期和合同要求而定。

特别提醒

项目经理需要通过与项目团队成员的单独沟通，核实在情况评审会议上的讲话内容。同时，项目经理应该要求查看有形产品或交付物，如图样、模型或报告。这不仅能证实项目的完成情况，而且还能表明项目经理对每个人的工作都感兴趣，承认个人工作对成功完成项目目标的重要性。

③ 会议主题。每次项目情况评审会议需要讨论的主题如表11-4所示。

表 11-4　项目情况评审会议讨论的主题

序号	主题		说明
1	自上次会议以来所取得的成果		明确已实现的关键项目"里程碑"，并检查以前会议活动细目的执行情况
2	成本、进度计划和工作范围	进展情况	进展情况应该与基准计划加以比较，且必须以已完成任务和实际支出的最新信息为基础
3		趋势	项目执行过程中要明确好的或不好的趋势，即使一个项目已经超前了几天，但是前几周计划进度忽略了的事实表明，现在必须采取纠正措施，以免项目无法在规定日期完成
4		预测	根据目前的进展情况、趋势和要完成的项目任务，检查预测的项目完工日期和项目完工成本，并把它们与项目目标和基准计划进行比较

序号	主题		说明
5	成本、进度计划和工作范围	差异	明确有关项目工作和项目任务的成本和进度的实际进展与计划进展的所有差异。这些变化可能是正面的——如提前完成计划，也可能是负面的——如已超出了完成工作所给定的预算金额。负面差异有助于准确地找出目前的问题和潜在的问题。应特别注意一些负面差异正进一步扩大的项目
6	纠正措施		在某些情况下，找出问题和潜在问题的纠正措施是在情况评审会议上产生的。例如：获得客户或管理人员的批准，继续购买某种原材料；获得加班授权，以便使项目赶上进度。还有些情况则要求单独召开解决问题会议，由有关的项目团队成员提出纠正措施
7	改进的机会		这应该与问题及相应的纠正措施一同确定。例如：项目团队的成员指出，使用另一种材料或设备也可以满足技术指标，而这种材料或设备实际上比原计划要用的那种便宜；或者团队成员建议，通过采用现有的计算机软件或稍加改动，而不是开发全新的计算机软件，可以节省大量时间
8	行动细目分配		具体行动细目应予确立并分配给具体的团队成员。对于每一项行动细目，必须注明负责人及预计的完工日期。完工期应当由行动细目的负责人进行估计。因为开会时，一旦作出了承诺，就要竭尽全力地按时完成

（2）问题解决会议。当项目团队成员发现问题或潜在问题时，应立即与有关人员召开一个问题解决会议，而不是等到情况评审会议上解决。

在项目开始时，对于由谁、在什么时候召开问题解决会议以及实施纠正措施所需权限的大小等问题，项目经理和项目团队应当设立准则。

（3）技术设计评审会议。技术设计评审会议包括设计阶段的项目，如信息系统项目，需要数次技术设计评审会议，以确保客户同意或批准项目承包商提出的设计方案。

大多数技术性项目一般采取两种设计评审会议：

① 当承包商已经完成了最初的概念说明、图形或流程图后所进行的最初设计评审会议。该会议的目的是，在承包商订购交货期较长的原材料之前，获得客户对设计方案符合技术要求的批准（不致延误项目进度）。

② 当承包商已经完成详细的概念说明、图形、流程图和报告格式等事项后所进行的最终设计评审会议。该会议的目的是在承约商开始建设、装配和生产项目交付物之前获得客户的批准。

11.5.2 有效地召开会议

在会前、会中和会后，召集或主持会议的人可以采取多种措施以确保会议是有效的。

（1）会前。

① 确定会议是否真正必要，或者另一种方式如电话会议是否更适合一些。

② 确定会议的目的。例如，该会议是为了交流信息、计划、收集情况或意见，制定决策、解决问题，还是为了评估项目进展情况。

③ 确定谁需要参加会议，说明会议目的。参加会议的人数应是能达到会议目的的最少人数。受邀参加会议的人应该知道为什么邀请他们参加。

④ 事先将会议议程表分发给与会者。议程表的内容应包括：会议目的、主题（各项细目应按其重要性大小列出，以确保最重要的细目提前进行）、每个主题的时间分配及谁将负责该主题、发言或主持讨论。

⑤ 准备直观教具或要分发的材料。图形、表格、图解、图片和实体模型都是有效的直观教具，这些材料常常使讨论集中于一点，防止产生误解。

⑥ 安排会议室。会议室应足够大，不会让人们感到拥挤或不舒服。座位布置必须使所有与会者都能看到屏幕，促进其参与讨论。选用的直观教具和附件（投影仪、屏幕、录像机、翻转图表、黑板）都应放在会议室内，并在会前对这些设备的工作状况进行检查。如果会议时间很长，还可备些点心。例如，为了使会议讨论在工作午餐之后继续进行，可以提供盒饭。

（2）会议期间。

① 按时开会。会议按时召开，人们就会养成按时到达的习惯，以避免在会议进行中因迟到打断会议的尴尬。

② 指定记录员。必须指定人员（最好在会议前）做记录。记录应该简明扼要，能够概括决议、行动细目、任务分派和预计完工日期。过于详细的会议记录在记录和以后查阅时都很麻烦，因此应当避免。

③ 评审会议的目的和议程表。要简洁，不要长篇大论。

④ 主持而不支配会议。项目经理不能主导所有的讨论，而应鼓励与会者积极参与讨论。

（3）会后。项目团队在会后24小时之内公布会议成果。总结文件应该简洁，如果可能，尽量打印在一张纸上。总结文件应该明确所作的决定，并列出行动细目，包括谁负责、预计完工日期和预期的交付成果。同时，可以列出参加和缺席的人员。

项目团队应将会议成果分发给所有被邀请参加会议的人员，不管是否到会。

11.6 发表正式的演讲

项目经理和项目团队成员常常需要发表正式的演讲。听众可能是客户组织的代表、项目组织的高级管理层、项目团队本身或公众，也可以是一个人（客户），或是几百名与会者；演讲可能持续10分钟，也可能是1个小时或更长的时间；主题可能是对项目的总体看法、项目目前的进展状况、威胁项目目标成功实现的一个严重问题——如预计的进度计划延误或成本超支，还可能是试图说服客户扩大或改变项目的工作范围。

11.6.1 为正式演讲做好准备

在正式进行演讲前，应做好图11-13所示准备工作。

1 确定演讲目的。是通知还是说服，例如，你是想让听众了解项目，还是想让客户同意在项目工作范围上所建议的变更

2 了解听众。他们的知识水平以及对主题的熟知程度，他们的职位——是高级经理和关键决策制定者，还是你的同事

3 准备一个演讲提纲。只有在你列出提纲之后，你才能写出演讲稿。反复阅读，但不必死记硬背

4 使用听众听得懂的简单语言。不要用听众可能听不懂的术语、缩略语、专业的或复杂的技术性术语；不要试图通过词汇能力来打动听众

5 准备直观教具并进行测试。确保在演讲的房间里从最远处都能看清直观教具。如果会议要在一个很大的礼堂召开，应确保直观教具足够大

6 事先准备好视听设备。投影仪、幻灯机、麦克风、放演讲稿的小台架，都应事先确保能正常使用

7 当会议室空着或无人使用时，进去感受一下环境。站在要发言的位置上，试一下投影仪和麦克风

图 11-13 演讲的准备工作

11.6.2 演讲过程

演讲过程中一定要记住如下要点。

（1）要熟知开场白。开头几句话是关键，要清楚明确。以自信和轻松的方式表达出来，与听众建立信任。如果开场白就讲得很拙劣，则听众可能就失去听下去的兴趣。

（2）演讲时使用 3-T 方法：首先，告诉听众你要讲些什么（你的概要）；其次，讲给他们听（你讲的主要内容）；最后，告诉他们你讲了些什么（你的总结）。

（3）面对听众，不要对着演讲稿。尽可能与听众保持较多的目光接触，尽量不要看演讲稿。

（4）讲话要清楚、自信。不要讲得太快或太慢。讲话要用短的、易于理解的句子，不要用长的、复杂的、不连贯的句子。在一个重要论点之后或转向一个新的论点之前，要适当停顿。适当地运用语音变化有助于陈述观点，不要使你的讲话显得单调。

（5）适当地运用手势、面部表情和身体语言。不要老站在一个地方，适当地多些走动，但讲话时一定要面对听众，永远不要背对听众讲话。如，不要站在你的直观教具前面，不要站在阻挡你的听众观看投影仪屏幕、幻灯机或其他教具的位置。

（6）按逻辑推理讲述主题，以此建立起听众对演讲的兴趣。逐步加快讲话的速度。

（7）提纲中要列明你的要点。不要离题或偏离主题，否则将浪费时间，并使听众感到迷惑不解。

（8）陈述要点时，向听众解释它们为什么重要。

（9）陈述完一个观点后，要进行总结。

（10）知道你的结束语。结尾和开头一样重要。结尾要紧扣演讲的目的，要以有说服力和自信的方式结束演讲。

（11）在适当情况下，留出时间与听众交流。如果是在小会议室召开的一个面对客户的演讲，最好是把客户引入讨论中，以了解他们的看法。

（12）回答问题时，要真诚、率直、有信心。如果你不知道答案或不能泄漏答案，不妨说实话。回答问题时，不要有防御心理。

11.7 做项目报告

项目经理必须事先确定报告的类型、内容、格式、报告期和分发方式，这些一般在合同中指明。有些报告可能是为许多受众做的，因此了解谁将收到报告副本是很重要的。

写报告要以读者为出发点，而不是写报告的人。因为受众差别很大，包括对项目非常了解的人，也包括仅从他们收到的定期报告中知道一点内容的人。收到报告的人技术水平不同，一些人可能不理解某种技术语言或术语。

11.7.1　项目报告的类型

（1）进展报告。

① 项目进展报告的准备人员。有关项目进展的报告可以由项目团队成员为项目经理或他们的职能经理（在矩阵组织中）准备，或由项目经理为客户准备，或由项目经理为高级管理层准备。

② 项目进展报告的时段。进展报告通常针对一个特定的时段，称为报告期。这个时段可以是一周、一个月、一个季度或对项目来说合适的时间段。大多数进展报告仅包括在报告期间发生的事情，而不是自项目开始以来的累积进展。

③ 项目进展报告的内容。项目进展报告的内容包括以下几点，见表11-5。

表 11-5　项目进展报告的内容

序号	细目	内容点
1	自上个报告期以来的成果	应该指明已达到的关键项目里程碑，也可能包括为项目工期设定的特定标的完成（或没有完成）报告
2	目前项目的执行情况	有关成本、进度和工作范围的资料要与基准计划进行比较
3	解决以前发现的问题的进展	如果在前期进度报告中提出的问题没有取得进展，应该说明原因
4	自上次报告以来的问题和潜在问题	问题包括： （1）技术问题，如模型不能工作或测试结果与期望不一致 （2）进度问题，如由于一些任务的完工时间比预期的长、原材料运输延迟或天气不好导致建设延期 （3）成本问题，如由于原材料成本比原来估计的要高、完成任务耗用的工时比预计的要长而产生成本超支
5	计划采取的改进措施	详细说明在下一个报告期内为解决每一个潜在问题而采取的改进措施，它应包括对项目目标在工作范围、质量、成本、进度计划等方面是否受到威胁以及采取了哪些改进措施作出说明
6	在下一个报告期内期望达到的里程碑	这些目标要与最新商定的项目计划一致

进展报告中的所有信息对于读者来说都不应该是陌生的。例如，所有发现的问题在准备书面进展报告之前可能已经过口头讨论了。

（2）最后报告。项目的最后报告通常是项目总结。它不是进展报告的累积，也不是对整个项目过程中所发生事情的详尽描述。最后报告的主要内容有：

① 客户的最初需要。

② 最初的项目目标。

③ 客户的最初要求。

④ 作为项目结果，客户的实际收益和预期收益的对比。

⑤ 初始项目目标实现的程度。如果没有实现，应附有说明。

⑥ 项目的简要描述。

⑦ 今后的考虑。这部分内容是为提高或扩大项目成果，客户在将来可能考虑的活动。

⑧ 一张载明提供给客户的所有交付物的清单（设备、原材料、软件、图样和报告等文件）。

⑨ 一个系统或设备最后通过测试的测试数据，在此基础上客户接受该项目结果。

11.7.2　准备有用的报告

要准备一份有用和有价值的项目报告，须充分考虑图11-14所示要点。

1 报告要简明。不要试图以数量来打动报告接受者。报告的长短并不等同于项目进展或成果，报告简明扼要，才会有更大的阅读机会

2 所写的和所讲的要保持一致。用短句和容易理解的句子表达思想，不要用复合句、复杂冗长的句子。段落很长会使读者跳读，致使错过重点。使用简单的语言，不要用读者不懂的术语或缩写词

3 在报告中和每一段中先写出最重要的论点。有些读者有一种倾向，他们只读每一段的第一句话，然后一扫而过

4 如果可能，就用图表，如图形、图解、表格或图片。但不要把图表做得太烦琐，每张图表只需有一个概念或论点。最好用几张清楚的图表来说明几个问题，而不是把它们凌乱地画在一张图表上

5 注意格式。报告应该是公开的、吸引人的，并以一种读者容易理解的方式组织起来

图 11-14　准备报告的要点

11.8 和不同人员的沟通技巧

11.8.1 和管理层的沟通

和管理层的沟通也就是项目汇报，项目汇报在项目管理中是一种重要的沟通形式，项目汇报通常是定期的。

（1）定期汇报。要想确保项目汇报的成功，项目经理通常应注意图11-5所示要素。

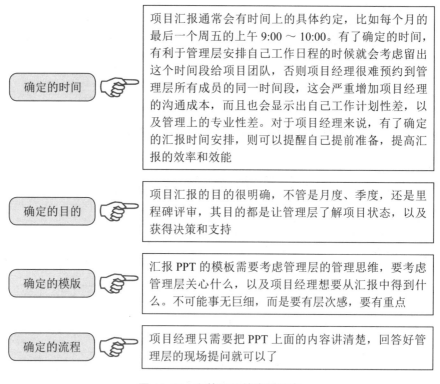

图 11-15 和管理层的沟通要素

参与汇报的是项目经理和核心团队成员。因为：首先，数据来自核心团队成员；其次，项目经理并不是所有项目职能的专家；最后，项目本身就是个团队活动。所以，如果管理层出项目经理回答不了的问题，核心团队成员要第一时间发言进行支持。

特别提醒

PPT 要请团队里的专家过目，目的是获得他的认可和支持。企业里有两个角色很有话语权，一是项目经理，一是技术专家。如果技术专家在汇报过程中帮项目经理背书，可以更容易获得管理层的认可和支持。

（2）不定期汇报。除了定期汇报，还有不定期汇报，不定期汇报通常采用邮件形式，紧急情况则采用会议形式。比如说项目出现了重大风险或问题，或者说管理层要了解项目的某些情况。这种汇报的逻辑和上面类似，要简明扼要，先结论，再要点，最后补充上风险及对策。

11.8.2　和项目团队沟通

项目团队内部沟通也分为定期沟通和不定期沟通。

（1）定期沟通。定期沟通也就是项目周会之类的会议，其目的主要是汇总项目状态、识别项目风险和问题、部署项目工作、通报项目信息等。

还有一种有效的沟通形式在项目紧急的情况下会用到，也就是 stand-up meeting（站立会议）。这种沟通形式时间很短，一般几分钟到十几分钟的时间，时间短到甚至不需要坐下来开会。会议上只解决几个问题：昨天在项目上花了多长时间，完成了哪些工作，今天计划做什么。至于专题问题，则在会后单独解决。

（2）不定期沟通。项目团队不定期沟通主要包括专题问题的解决，以及日常和团队成员的一对一沟通。一对一沟通很多时候是为了了解团队成员的状态，需要提供哪些支持，识别问题和风险。

11.8.3　和用户的沟通

这里的用户主要是指直接使用项目成果的那些组织或部门，也就是和项目成果最终要交付对象的沟通。

和他们有效沟通应该注意两点，其一是把握好对方介入时机，不要等项目结束时再沟通，如果对方表示不能接受怎么办？所以要从相关策划阶段就让他们介入，并且约定接受标准。其二是沟通要有书面记录并得到对方的确认，对方参与项目的绝对时间非常有限，可能过一段时间就把上次沟通的结论忘到九霄云外了。

11.8.4　和职能部门的沟通

项目经理和职能部门经理的区别是什么？职能经理是资源管理者，所以也称为资源经理，项目中的资源均是由他们提供。项目经理需要通过和职能部门经理的沟通获得合适的人力资源以及非人力资源，同时也有义务向职能部门经理反馈资源使用情况。

比如说项目中的样机装配可能需要生产人员的临时支持，项目团队不能在装配时再去协调，而是要提前告诉对方项目团队的需求时间、人员技能要求、需求周期等，让对方有时间提前协调和安排。

第 12 章

项目收尾管理

章前概述

　　项目收尾是项目生命期的最后一个阶段，当项目的目标已经实现，或者项目阶段的所有工作均已经完成，或者虽然有些任务尚未完成，但由于某种特殊原因必须停止时，项目团队就需要做好项目的完成、收尾工作。

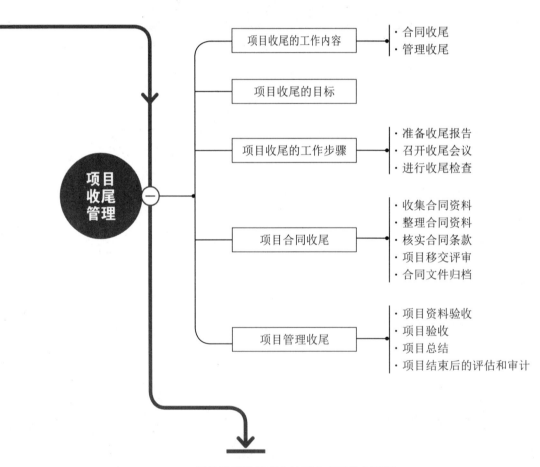

轻松学项目管理全流程之项目收尾管理

12.1 项目收尾的工作内容

项目收尾，根据 PMI（美国项目管理协会）的概念，项目收尾包括合同收尾和管理收尾两部分。

12.1.1 合同收尾

合同收尾就是和客户一项项的核对，是否完成了合同所有的要求，是否可以把项目结束，也就是人们通常所讲的验收。

12.1.2 管理收尾

管理收尾是对于内部来说的，把做好的项目文档等归档；对外宣称项目已经结束；转入维护期，把相关的产品说明转到维护组；进行经验教训总结。

管理收尾包括下面提到的按部就班的行动和活动。

（1）确认项目或者阶段已满足所有赞助者、客户，以及其他项目干系人需求的行动和活动。

（2）确认已满足项目阶段或者整个项目的完成标准，或者确认项目阶段或者整个项目的退出标准的行动和活动。

（3）当需要时，把项目产品或者服务转移到下一个阶段，或者移交到生产和/或运作的行动和活动。

（4）活动需要收集项目或者项目阶段记录、检查项目成功或者失败、收集教训、归档项目信息，以方便组织未来的项目管理。

12.2 项目收尾的目标

项目收尾要达到的目标如下（项目参与方不同，目标会有所不同）。

（1）项目产品经过试运行并正式投入使用。

（2）顺利完成项目交接。

（3）达到预定的利润目标。

（4）审计和总结。

（5）绩效考核。

（6）奖励和庆祝。

（7）项目团队解散。

12.3 项目收尾的工作步骤

项目收尾通常有如图12-1所示三个关键步骤。

图 12-1 项目收尾的工作步骤

12.3.1 准备收尾报告

当收尾一个项目的时候，项目经理应该做如下工作。

（1）检查业务项目（包括项目目标范围）的状态和完整性，更改问题日志，检查最近的进度报告及所有涉及早期取消项目的文件。

（2）与团队一起起草一份项目收尾的草案，包括项目正式运行后审查（PIR）的职权范围。报告格式如表12-1所示。

表 12-1 项目收尾报告内容

第一部分 业务目标
（重述项目目标，包括自从签署后的任何已被批准的更改。如果有任何更改，说明其原因。）
第二部分 收尾声明 （按以下方式之一说明收尾的环境： ·项目成功完成； ·项目提前终止。 如果是后一种情况，则描述终止的原因并预测当前恢复的可能性。）
第三部分 收益计算 （重述项目将获得的收益，这些收益是如何计算的，以及谁对收益的计算负责。包括：说明当前业务计划或预测是否能反映项目收益；计算收益的指定的测量审查日期。）
第四部分 重要风险、问题和交付件 （列举任何尚未接受的问题或者关键交付，对每一个提供： ·问题或者风险的性质或未接受的原因； ·谁同意对此负责；

续表

·建议的解决方案，包括日期。）

第五部分　项目效率
（说明实际成本和消耗的资源以及与计划相比达到的实际进度。）

第六部分　经验教训
（指项目效率和项目团队的经验，例如，遇到的重大问题，战略的变化，说明什么应能够做得更好： ·确认时间、资金或者资源应能够更好被利用的领域； ·为将来的项目推荐行动方向，帮助查找已经发现的无效率情况； ·确认运转良好的内容并推荐其他项目将来可能有用的方法、程序、流程和工具技术。）

第七部分　致谢
（感谢所有对项目作出特别贡献的人员。） 附件正式运行后审查（PIR）的职权范围。 （PIR 常常是用来界定项目正式运转以后的客户满意度调查，以及对项目交付件效率的衡量，包括：谁负责组织和主持；何时进行；有哪些职能领域和需要参与的关联人。）

12.3.2　召开收尾会议

（1）与会人员。收尾会议的参加人员有：项目发起人、项目经理、项目管理组成员、主要项目团队成员、负责签署关键交付件的上级职能或程序经理、将接受解决重大问题责任的上级职能或程序经理、将接受任何重大问题的相关项目的项目经理。

（2）收尾会议议程。交付成果→重大问题→收益以及业务计划→正式运行后的审查→致谢→正式收尾→总结经验教训。

12.3.3　进行收尾检查

项目经理应对项目的收尾工作事项安排做一个检查，具体的检查内容见如表12-2 所示的收尾检查清单。

表 12-2　收尾检查清单

	交付件检查	结果
1	所有的项目交付件成果已经被批准并移交给使用部门了吗？	
2	就重大交付件成果的责任已经达成一致了吗？	

	问题	结果
1	所有问题都已经解决了吗？	
2	每个重大问题的所有权已经被用户或者其他项目组中的一个指定的人接受了吗？	
	业务计划与预测	结果
1	职能部门和业务部门已经更新计划了，将与项目相关的运作资源、成本、利润纳入考虑范围了吗？	
2	业务计划已经更新或者即将更新了吗？	
3	已经指定了控制和测量项目的收益的责任人吗？	
4	测量项目收益的检查点已经得到定义了吗？	
	项目正式运行后审查（PIR）	结果
1	已经决定作 PIR 吗？	
2	已经对时间和 PIR 的职责范围达成一致了吗？	
3	已经对谁负责 PIR 实施达成一致了吗？	
	团队和关联人	结果
1	所有需要知道项目收尾的人已经接到通知了吗？	
2	团队所有的成员都已经分派到其他活动中了吗？	
3	有关项目的团队评价已经做完了吗？	
4	对那些应该特别感谢的人致谢了吗？	
	项目文件	结果
1	所有关于项目的文档都已经被制作成文件、归档并做成参考文献了吗？	
	设备设施	结果
1	所有的设备（办公桌、硬件、办公室等）都已经发放了吗？	
2	所有为项目输出或订立合同而预约的设备已经被取消了吗？	
	账目和其他	结果
1	项目账户已经收尾，以使得进一步的支出不再计入项目账户了吗？	
2	公司或职能业务部门的其他项目跟踪系统和记录簿已经更新了吗？	

12.4 项目合同收尾

项目合同收尾应遵循图12-2所示的流程。

图 12-2　项目合同收尾流程

12.4.1　收集合同资料

合同资料至少应包括合同正、副文本，合同附件、备忘录、相关的表格、清单以及在合同执行过程中所产生的会议纪要、合同变更申请及批准记录、合同补充协议，由承包商提出的技术文件、承包商的进展报告、合同付款凭证、单据等财务记录、合同验收报告等。项目团队在项目收尾之前，应将这些资料收集齐全，以备查阅、对照、检验。

12.4.2　整理合同资料

合同收尾结束后，项目团队应对所有的合同文件进行整理、编号、装订，连同项目其他文件一起作为一整套项目记录资料归档。在整理合同资料时，应分门别类，做到数据齐全、忠于原始记录、标识清楚，还要便于查阅，整理完毕交给专门的部门存放于专门的地点，以便需要时能方便地找到。

12.4.3　核实合同条款

合同一般包括的条款有以下几点：
（1）当事人的名称或者姓名以及地址；
（2）标的；
（3）数量；
（4）质量；
（5）价格；
（6）同履行的期限、地点和方式；
（7）违约责任；
（8）解决争议的方法。

12.4.4　项目移交评审

项目小组在移交阶段的工作有：
（1）对项目交付结果进行测试；
（2）进行必要的实施对验证项目交付结果满足客户的要求；
（3）设计并实验培训方法；

（4）安排后续支持服务工作；

（5）解答客户提出的问题；

（6）签字移交。

评审结束，需要双方签字，有时可以有附加条件，在项目需求提前结束时需要签字表示对项目阶段性交付物的认可。

12.4.5 合同文件归档

合同文件归档时，应遵循如图12-3所示的要求。

分门别类　数据齐全　忠于原始记录　标识清楚　便于查阅

图 12-3　合同文件归档的要求

12.5 项目管理收尾

管理收尾包括一系列零碎、烦琐的行政事务性工作，如：收集、整理项目文件，发布项目信息，组织项目移交，归还租赁的设备，解散并重新安排项目人员，庆祝项目结束，总结经验教训等。

以下主要就几个重点加以描述。

12.5.1 项目资料验收

项目文件是项目整个生命周期的详细记录，是项目经理展示项目成果的重要形式。项目文件既作为项目评价和验收的标准，也是项目交接、维护和最后评价的重要原始凭证。

在项目验收过程中，项目团队必须将整理好的、真实的项目资料交给项目验收方，项目验收方只有在对资料验收合格后，才能开始项目收尾工作。由此可见，项目资料验收是项目竣工验收的前提。

项目验收合格后，接收方应将项目成果及项目文件一同接收，并将其妥善保管，以备查阅和参考。

（1）项目文件验收的范围与内容。项目的不同阶段，形成文件的范围与内容也不同，具体见表12-3所示。

表 12-3　不同阶段文件验收的范围

序号	阶段	应验收、移交、归档的资料
1	项目概念阶段	（1）项目机会研究报告及相关附件 （2）项目初步可行性研究报告及相关附件 （3）项目详细可行性研究报告及相关附件 （4）项目方案及论证报告 （5）项目评估与决策报告
2	项目规划阶段	（1）项目背景概况 （2）项目目标文件 （3）项目范围规划说明书（包括：项目成果简要描述、可交付成果清单） （4）项目范围管理计划 （5）项目工作结构分解图 （6）项目计划资料（包括：完整的项目进度计划、质量计划、费用计划和资源计划）
3	项目实施阶段	（1）全部项目的采购计划及工程说明 （2）全部项目采购合同的招标书和投标书（含未中标的标书） （3）全部合格供应商资料 （4）完整的合同文件 （5）全部合同变更文件、现场签证和设计变更等 （6）项目实施计划、项目安全计划等 （7）完整的项目进度报告 （8）项目质量记录、会议记录、备忘录、各类通知等 （9）进度、质量、费用、安全、范围等变更控制申请及签证 （10）现场环境报告 （11）质量事故、安全事故调查资料和处理报告等 （12）第三方所做的各类试验、检验证明、报告等
4	项目收尾阶段	（1）项目竣工图 （2）项目竣工报告 （3）项目质量验收报告 （4）项目最终评价资料 （5）项目审计报告 （6）项目交接报告

（2）项目文件验收的程序。项目文件验收的程序如图12-4所示。

（3）项目文件验收的结果。项目文件验收结果一般包括：项目文件档案和项目文件验收报告。

第一步	项目经理依据项目进行的不同时期，按合同条款有关资料验收的范围及清单，准备完整的项目文件
第二步	文件准备完毕后，由项目经理组织项目团队进行自检和预验收
第三步	合格后将文件装订成册，按文档管理方式妥善保管，并送交项目验收方进行验收
第四步	项目经理在收到项目团队送交的验收申请报告和所有相关的项目文件后，应组织人员按合同资料清单或档案法规的要求，对项目文件进行验收清点
第五步	对验收合格的项目文件立卷、归档；对验收不合格或有缺损的文件要及时通知项目团队采取措施进行修改或补充。只有项目文件验收完全合格后，才能进行项目的整体验收
第六步	当所有的项目文件全部验收合格时，项目经理要与项目接收方对项目文件验收报告进行确认和签证，形成项目文件验收结果

图 12-4　项目文件验收的程序

12.5.2　项目验收

当项目小组完成项目的所有任务后，还应该协助相关方面对项目进行验收，以确保项目事先规定的工作范围都得到圆满完成，同时检查项目完成的任务是否符合客户的要求，确保客户的要求得到满足。

首先，必须与客户一起明确项目验收的标准；其次，在验收时，必须保证所有的完成标准是可以由双方事先商定的尺度进行衡量的；最后，项目经理要与客户共同商定出一个对照清单。

（1）项目验收的组织。一般由项目接受方、项目团队和项目监理人员组成，但由于项目性质的不同，项目验收的组织结构差异较大。对一般小型服务性项目，只是由项目接受人验收即可；对内部项目，仅由项目经理就可以验收。

验收组织的主要职责如下。

① 审查预验收情况报告和移交生产准备情况报告。

② 审查各种技术资料。

③ 对项目主要生产设备和公用设施进行复验核技术鉴定。

④ 处理交接验收过程中出现的有关问题。

⑤ 核定移交工程清单，签订交工验收证书。

⑥ 提交竣工验收工作的总结报告和国家验收鉴定书。

（2）项目验收的方法。项目验收的方法所图12-5所示。

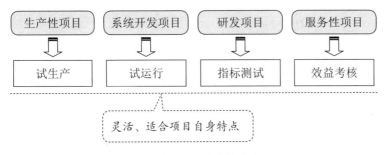

图 12-5　项目验收的方法

（3）项目验收的程序。在项目验收过程中，验收方的工作如下。

① 组成验收工作组或验收委员会。

② 项目材料验收。

③ 现场（实物）初步验收。

④ 正式验收。

⑤ 签发项目验收合格文件。

⑥ 办理固定资产形成和增列手续。

12.5.3　项目总结

项目执行完毕，项目可能的结果有成功和失败两种，项目有自身的经验和教训，项目小组的每一个人都应该总结，其目的有两个：一是为员工个人的成长积累经验；二是为将来的项目提供借鉴。

（1）项目小组个人的总结内容如下。

① 个人在项目中角色的扮演情况。

② 个人所负责任的完成情况。

③ 个人对团队的贡献。

（2）回顾项目所取得的成果如下。

① 检查、核实项目移交的结果。

② 确认并解释为解决未完成工作所制订的计划措施。

③ 确认并解释为解决仍然存在的问题所制订的计划措施。

④ 商定并确认关于正在进行的工作或提供支持的责任。

⑤ 感谢项目小组及其他项目利益相关者的努力和支持。

⑥ 感谢客户和发起人的支持和承担的义务。

（3）在进行项目总结时，仍然要注重多方面内容的信息的收集。在准备项目的总结报告时，应重点收集如下内容的信息。

① 对项目执行情况的总体评价。

② 项目范围完成情况。

③ 项目进度执行情况。

④ 项目成本执行情况。

⑤ 项目交付结果的质量状况。

特别提醒

人员是项目团队的很重要的组成部分，应作为收尾阶段总结的重点，最好可以对每一个人都进行项目绩效汇总和反馈，如果涉及人员太多，可以设置多级绩效管理体系，逐层进行绩效沟通。

12.5.4 项目结束后的评估和审计

（1）项目评估。项目后评估是对项目和项目的所有工作加以客观评价。好的项目评估对未来项目的改进很重要。项目评估的内容包括盈利要求、客户满意度要求、后续项目指标要求和内部满意度要求。

（2）项目审计。项目的审计应由项目经理部门与财务部门共同进行，对已经列出的支出和收入进行财务审计，对不合理的收入和支出加以分析，为改进项目的管理服务。

参考文献

[1]   汪小金.项目管理方法论.3版.北京：中国电力出版社，2020.

[2]   张青.项目管理其实很简单.北京：人民邮电出版社，2020.

[3]   康路晨，胡立朋.项目管理工具箱.2版.北京：中国铁道出版社，2016.

[4]   肖祥银.从零开始学项目管理.北京：中国华侨出版社，2018.

[5]   李治.不懂项目管理，你还拼职场？（升级版）.北京：北京联合出版公司.2020.

[6]   郭致星.极简项目管理.北京：机械工业出版社，2020.

[7]   任卓巨.华为项目管理法.北京：电子工业出版社，2018.

[8]   房西苑，周蓉翌.项目管理融会贯通.北京：机械工业出版社，2010.

[9]   戚安邦.项目管理学.3版.北京：科学出版社，2021.

[10]   丁荣贵，赵树宽，张进智等.项目管理.上海：上海财经大学出版社，2017.

[11]   刘毛华.项目管理基础工具：五图二表.北京：化学工业出版社，2021.

[12]   丁荣贵.项目管理：项目思维与管理关键.2版.北京：中国电力出版社，2013.

[13]   卢有杰.现代项目管理学.北京：首都经济贸易大学出版社，2014.

[14]   鞠晴江，熊金福.项目经理岗位培训手册.广州：广东经济出版社，2011.

[15]   房西苑，周蓉翌.项目管理实战教程.北京：企业管理出版社，2005.

[16]   章银武.项目管理职位工作手册.北京：人民邮电出版社，2005.

[17]   毕星，翟丽.项目管理.上海：复旦大学出版社，2000.

[18]   陈远，寇继虹，代君.项目管理.武汉：武汉大学出版社，2003.

[19]   徐源.项目主管实务.广州：广东经济出版社，2005.

[20]   张志军.项目经理成长手册.北京：中华工商联合出版社，2006.

[21]   许成绩.现代项目管理教程.北京：中国宇航出版社，2003.

[22]   袁义才，陈军.项目管理手册.北京：中信出版社，2000.

[23]   钱明辉，凤陶.项目管理——晋升为经理的敲门砖.北京：中华工商联合出版社，2001.

[24]   周小桥.项目管理实务运作.北京：清华大学出版社，2003.

[25]   戴维·克利兰，刘易斯·艾尔兰.项目经理便携手册.欧立雄，赵仁伟等，译.北京：机械工业出版社，2002.

[26] 理查德·牛顿.项目经理成功把握项目管理艺术.宋玉贤，林祝君等，译.北京：机械工业出版社，2006.

[27] 克莱门斯，吉多.成功的项目管理.5版.张金成，杨坤，译.北京：电子工业出版社，2012.

[28] 维瑞恩，特林佩尔.项目管理经典译丛：项目思维——为什么优秀的项目经理会做出糟糕的项目决策.钱峰，译.北京：中国电力出版社，2019.

[29] 科丽·科歌昂，叙泽特·布莱克莫尔，詹姆士·伍德.项目管理精华：给非职业项目经理人的项目管理书.张月桂，译.北京：中国青年出版社，2016.

[30] 戴夫·加勒特.项目管理难题即效解决方案.吕勇等，译.北京：电子工业出版社，2016.

[31] 米泽创一.项目管理式生活.袁小雅，译.北京：北京联合出版公司.2019.